WERNER ABLASS

VIEL WIND UM NICHTS
Über die faszinierende Schönheit der Sinnlosigkeit

WERNER ABLASS

Viel Wind um Nichts

Über die faszinierende Schönheit der Sinnlosigkeit

1. Auflage April 2012
Copyright© Werner Ablass Coaching

Umschlaggestaltung: BOD
Satz und Gestaltung: Albert Eisenring, Gossau ZH, Suisse

ISBN: 978-3-942634076

Druck: Books-on-demand GmbH, Norderstedt

Best-Coaching of Nonduality
Werner Ablass
Hartmannstraße 24
74336 Brackenheim-Stockheim
Telefon: 07135-933777
info@wernerablass.de
www.wernerablass.de

Für alle und keinen

Inhaltsverzeichnis

Vorwort 13
Da es so wie es ist einfach ist 16
Nichts macht mehr Sinn als der Unsinn 19
Stirbt die Erde? 22
Wie? 27
Das Buch der Torheiten 32
Einfach zu einfach 35
Adler und Maulwurf 40
Andere Welten 43
Auf der anderen Seite 46
Das Ego muss nicht weg 49
Doppelleben? 52
Du bist nichts als ein Programm 56
Einmal klar. Immer klar. 59
Geschenke auspacken 62
Geschmeidiges Dahingleiten 65
Gurkensalat 69
Ich bin – nicht mehr, nicht weniger 72
Ich bin es 75
Ich geh hemmungslos auf den Strich 80
Ich wollte und will immer mehr 86
Information wird zur Aktion 90
Keine Begrenzung, keine Erfahrung 96
Kurs im Scheitern 100
Nix wirst „du" los! 103
Objektlos liebend 107
Sägespäne 110
Schachspiel 115
Schließlich gibt's auch kein Diesseits 118
Sei Gott! 122
SO liebe 126
Spiritueller Leerlauf 130
Transfer 135
Über alles und nichts 140
Über den absurden Versuch zu werden wie Gott 142

Über ein Missverständnis 147
Vor dem Spiel ist nach dem Spiel 150
Was bleibt ist die Liebe 155
Wie ein Dieb in der Nacht 160
Irren ist menschlich 163
Aus Nix wird Nix 166
Verliebt in die Wahrheit 168
Der Wert von Einschränkungen 170
Über Bewusstseinszustände............................... 174
Der Essenzblick 178

Vorwort

Viele Abschnitte in diesem Buch sind Antworten auf Fragen[1], die mir die Leser meiner Bücher per E-Mail senden. Und meine Leser sind in der Hauptsache spirituell Suchende.

Sie suchen nach Sinnhaftigkeit, permanenter Glückseligkeit, Erleuchtung, Erwachen, Transformation, spiritueller Meisterschaft, innerem Frieden. Sie möchten „ankommen". Anderswo sein als da, wo sie sich gerade befinden. Denn da, wo sie sich gerade befinden, scheint irgendetwas zu fehlen.

Das Gefühl eines undefinierbaren Mangels ist der Grund unserer Suche nach mehr als jeweils im Augenblick da ist. Dabei ist ausschließlich das *Empfinden* des Mangels der Grund für den Mangel. All die Mühen und Anstrengungen, die der Suchende auf sich nimmt, um das zu finden, was ihm scheinbar fehlt, sind daher völlig umsonst.

Sobald das *Empfinden des Mangels* als der wahre und einzige Grund für den scheinbar vorhandenen Mangel erkannt wird, ist auch die Suche nach mehr als im Augenblick da ist, vorbei. Und was übrig bleibt ist das Leben. Das Leben selbst. Das Leben als solches. Das Leben mit all seinen Höhen und Tiefen. Und die Schönheit seiner offensichtlichen Sinnlosigkeit.

Niemand kann sein Ego verlieren. Niemand kann transformiert werden. Niemand erwachen. Weil jeder von uns schon

---

[1] Fragen meiner Leser sind kursiv gedruckt und stehen zumeist am Beginn eines Abschnitts.

in perfekter Weise aus der Formlosigkeit in die Form transformiert ist. Weil jeder von uns aus der Unsichtbarkeit in die Sichtbarkeit erwacht ist.

Einzig SELBSTVERGESSENHEIT macht uns zu Suchenden. Und daher kann nur SELBSTERINNERUNG aus dem Dilemma führen und die Suche beenden.

Allein dazu dient dieses Buch. Dich an das zu erinnern, was du deinem Ursprung nach bist. Und weil du es bist und nicht etwa erst werden musst, müsste lediglich die Erinnerung zurückkehren, um sein zu können, was du bereits bist.

Alles, was du in diesem Buch lesen wirst, wird eine wohlbekannte Saite in dir erklingen lassen. *Da wird ja lediglich formuliert, was mir im Grunde schon klar ist und immer klar war.*

Freilich wird es auch Störfeuer geben. Die mit Energie aufgeladenen Vorstellungen, die dir über die Jahre – insbesondere dein Selbstbild und Weltbild betreffend – beigebracht wurden, lassen sich nicht über Nacht deaktivieren. Doch tief in dir sagt etwas Ja und dieses Ja wird von Tag zu Tag lauter, bis es im besten Fall alle *Nein*- und *Ja aber* Stimmen übertönt.

Das Buch hat keinen logischen Aufbau, keine Struktur. So wie die Natur. Sie ist chaotisch und dennoch von atemberaubender Schönheit. Nur wir Menschen brauchen Schubladen und beschriftete Ordner, um unser Wissen sammeln und kategorisieren zu können. Hier geht's jedoch überhaupt nicht um Wissen. Das wäre Haschen nach Wind. Oder: Viel Wind um Nichts. Also eine ebenso mühsame wie nutzlose Aktivi-

tät. Hier geht es um die atemberaubende Schönheit der Sinnlosigkeit.

Da es so wie es ist einfach ist

Vermagst du die Weisheit in diesen simpel anmutenden Worten zu erkennen? Vielleicht kann man das nur, wenn man vorher nach ihr suchte wie blöde. Wenn man sich in 1001 Sackgassen verirrte, an deren Ende ein Schlägertrupp darauf wartete, einen ordentlich vermöbeln zu können.

Ursachen werden gesucht, erste, zweite und dritte. Kausalitäten werden gesucht und natürlich gefunden. Kosmologien ebenso. Teilweise so faszinierende, dass man ins Taumeln, womöglich sogar in Ekstase gerät. Erklärungen aller Art werden gemacht, wissenschaftliche, okkulte, spirituelle, philosophische. Die Bibliotheken quellen über mit Büchern, in denen all diese Erklärungen schriftlich festgehalten wurden. Aber am Ende weißt du, wenn du ehrlich zu dir sein kannst, ebenso viel wie zu Beginn. Letztlich alles nur viel Wind um Nichts.

Wahre Schönheit und unübertreffliche Weisheit ist in den Worten:

Da es so wie es ist einfach ist.

Nicht mehr erklären zu können und auch nicht erklären zu müssen, weshalb Welt ist, und weshalb Welt so ist, wie sie ist, vormals, woanders und jetzt, hier, in deiner subjektiven Erfahrung – es gibt keine Worte für die Schönheit (der Erkenntnis) absoluter Sinnlosigkeit!

Jedes WEIL ist hier fehl am Platze. Nicht, dass man nichts zum Weil sagen könnte, ABER schöner, befriedigender, endgültiger ist dies hier:

Da es so wie es ist einfach ist.

Wie soll ich die Weisheit und Schönheit dieser wenigen, ja so dürftig erscheinenden Worte erklären? Alle Fragen sind weg. Alle Mutmaßungen. Sie sind ohnehin dürftig, ja poplig im Vergleich zu diesen wenigen Worten.

Du brauchst einfach keine Erklärung mehr für Ursprung und Ziel, für Essenz und Form.

Da es so wie es ist, einfach ist.

Vielleicht wird dir nicht klar, dass diese wenigen Worte die Erklärung für alles sind, was du fragen könntest.

Was oder wer ist der Ursprung der Welt?

Woher kommen wir?

Wohin gehen wir?

Was ist der Sinn unseres Daseins?

Weshalb gibt's das Böse?

Weshalb gibt's so viel Böses?

Warum existieren so viel verschiedene Religionen und Philosophien?

Warum muss man die Wahrheit angestrengt suchen, wenn sie doch so einfach zu erkennen ist?

Weshalb ist mir mein Mann weggelaufen und vögelt jetzt eine andere, die lediglich wesentlich jünger als ich ist? ☺

Und was kann ich nur tun, welche Therapie, welche Methode wende ich an, um den Verlustschmerz zu überwinden?

Alle Fragen enden hier. ALLE. Die persönlichen und die unpersönlichen, auch alle philosophischen Fragen.

Da es so wie es ist, einfach ist.

Warum? Wieso? Weshalb?

Du kriegst ohnehin keine Antwort, die nicht neue Fragen aufwirft. Und jede, die man dir gibt, erweist sich am Ende als unnötig, dürftig, ja sogar als poplig gegenüber der, die ich hier noch einmal zitiere:

Da es so wie es ist, einfach ist.

Nichts macht mehr Sinn als der Unsinn

Ich bin fest davon überzeugt, dass das Leben keinen Sinn hat, dass nichts irgendeinen Sinn hat... dass in der Abwesenheit des Sinns, im Nicht-Sinn, die letzte Wahrheit liegt."

Claude Levi-Strauss im Politikmagazin "Cicero"

Großartig! In meiner Wahrnehmung.

Was hat man alles erfunden, um einen Sinn zu kreieren! Massenhaft Kosmologien. Für jeden Geschmack. Religiös gefärbt, esoterisch, okkult, philosophisch, naturwissenschaftlich begründet.

Sinnvoll ist der Sinn aber nicht. Sinnlosigkeit dagegen macht Sinn.

Du kriegst es nicht auf die Reihe. Egal was du sagst oder meinst. Bezüglich des Sinns. Selbst zu behaupten – wie ich es tue – Gott fließe in Liebe über, alles sei Gottes Spiel – macht *letztlich* keinen Sinn. Nicht falsch verstehen: Ich dementiere das nicht! Es ist schon in Ordnung, man kann das so formulieren. Letztlich jedoch ist es so, wie es der bekannte französische und verstorbene Ethnologe sagt:

Im Nicht-Sinn liegt die „letzte" Wahrheit. Noch besser gefällt mir: Im Un-Sinn.

Schönheit! Darin liegt so viel Schönheit! Im Nicht-Sinn. Im Un-Sinn. In der Sinnlosigkeit. Unser depperes Gehirn ist nur nicht daran gewohnt den Begriff Sinnlosigkeit oder Nicht-Sinn mit Schönheit in Verbindung zu bringen.

Sinnlos – das erzeugt in vielen Menschen gleich Resignation. Depression.

Davon, von dieser Assoziation, ist mein Gehirn befreit. Mir dagegen wird beinahe übel, wenn ich über Sinnhaftigkeit(en) lese oder höre. Es erscheint in meiner Wahrnehmung wie ein Gefängnis. Wie eingepfercht, eingekesselt, eingemauert, abgeschlossen, verkapselt.

Was erscheint ist vollkommen sinn-los. Sobald du den Versuch unternimmst ihm einen Sinn zu geben, versetzt du ihm den Todesstoß. Du gewinnst (eine trügerische) Sicherheit (*Halleluja ich weiß wozu Gott die Welt geschaffen hat und wozu ich hier bin*) aber die ist einem Gefängnis ähnlich. In einer Einzelzelle bist du zwar sicher, aber zu welch einem Preis!

Im Nicht-Sinn liegt die letzte Wahrheit! Wunderschön zum Ausdruck gebracht, lieber Claude. Mindestens so schön wie ein Strauch, wie ein Baum, wie eine Blume, ein Wolf, ein Bär, ein Pinguin, ein Berg, ein See, die Sonne am tiefblauen Himmel.

Alles UN-SINN – aber wie wunderschön!

Wo hältst du dich auf? Innen mein ich! Im Sinn oder Un-Sinn? Im Sinn bist du immer auf Sinn**haftigkeit** angewiesen. Anders gesagt: Sinn**verhaftet**! Sinn ist wie die Polizei, sie verhaftet!

Wenn dir da, wie mir heute Morgen, ein Zahn raus bricht, und dabei auch noch eine sichtbare Lücke offenbar macht, wenn ich lache, wirst du (zumindest) bestürzt sein. *Was macht das denn jetzt für einen Sinn? Noch dazu am Sonntag, wo kein Zahnarzt auf hat. Kostet doch nur Geld! Und Zeit! So ein Blöd-Sinn!*

Ich wollte nur einen Essenrest zwischen den Zähnen entfernen und hielt stattdessen den Zahn zwischen den Fingern. Tat nicht mal weh. Hinterlässt nur eine sinnlose Lücke. Aber da ich im Nicht-Sinn bin und nicht Sinn-verhaftet, hab ich nur gelacht. Iris angelacht mein ich. Mit dem Zahn in der Hand und der Lücke im Mund! Und dann haben wir sinnloserweise beide gelacht. Leider nicht bis der Arzt kam! ☺

Woher? Warum? Wohin? Der wahre Unsinn liegt in der Frage nach einem Sinn! Sie wird gestellt, diese Frage, gar keine Frage☺, aber raus kommt nur Unsinn! Es kann nur Unsinn rauskommen, weil Un-Sinn der Ursprung all dessen ist, was **naturgemäß** überhaupt keinen Sinn machen kann.

Ein Schwarzer gebiert einfach kein weißes Kind.

Ich weiß nicht ob die Abwesenheit jeglichen Sinns Sinn für dich macht! ☺ Ich aale mich darin. Ich bade darin.

Komm doch zu mir in die Wanne…

Stirbt die Erde?

Die meisten Menschen reagieren empört oder zumindest mit Unverständnis, wenn ich sage, das Leben sei vollkommen sinn – los.

Das ist verständlich, denn die Fragen, die uns wohl am intensivsten beschäftigen, sind: Woher komme ich, wohin gehe ich und wozu bin ich da?

Meine Antwort, *Du kommst von nirgendwo her, gehst nirgendwo hin und bist aus keinem Grund da*, ist jedoch nicht die eines abgestumpften oder resignierenden Nihilisten.

Ich habe während meiner etwa 40-jährigen spirituellen Suche so viele „heilige" Schriften, esoterische und philosophische Bücher verschlungen, dass man mit ihnen eine kleine aber feine Bibliothek füllen könnte.

Alle Theorien über die Welterschaffung und ihre Sinnhaftigkeit warf ich jedoch über Bord, als die Klarheit erschien, dass alles, was uns gemeinhin als real erscheint, nur im Gewahrsein existiert. Im Grunde existiert nur Gewahrsein. Erfährt sich Gewahrsein, existiert eine Welt. Erfährt es sich nicht, versinkt sie. Die Welt wurde niemals geschaffen und wird daher niemals untergehen. Außer im Gewahrsein. Und das sogar jede Nacht, wenn die jeweiligen Tiefschlafphasen beginnen.

Daher ist die Frage „Woher komme ich?" irrelevant. Wir kommen nirgendwoher, die materielle Welt „erscheint" lediglich im Gewahrsein. Ein dreidimensionales Trugbild erscheint und das nennen wir Welt. Stoße dich nicht an dem Begriff „Trugbild", als wäre die Welt eine Lüge. Auch David Copperfield erzeugt in seiner Show nur Illusionen, die uns jedoch umso mehr erfreuen und begeistern, je realer sie wirken.

Die Frage „Wohin gehe ich?" ist ebenso irrelevant, weil der Tod nichts anderes ist als das Ende des Auftritts eines der unzähligen Objekte, die im Gewahrsein erscheinen. Gleichgültig ob es sich um eine Pflanze, ein Tier, einen Mensch handelt.

Wozu existieren wir dann? Es gibt keinen anderen Grund als den bereits genannten: Gewahrsein erfährt sich. Es ist eben eine dualistische Vorstellung, aus welcher alle Schöpfungstheorien entstanden, einschließlich der in der Baghavadgita im achten Gesang:

Die, denen Brahmans Tag bekannt,

der tausend Weltenalter währt,

und Brahmans Nacht, die grad so lang,

die kennen wahrhaft Tag und Nacht.

Es gibt kein „Hintereinander", keine Zyklen, in denen die primäre Energie oder Gott zunächst aktiv ist und anschließend passiv in sich ruht.

Wenn etwas so ist, wie es ist, ist die Frage nach dem Grund völlig irrelevant. Warum erscheint uns der Himmel blau, warum ist die Banane krumm, warum legen Hühner

Eier? Gibt's darauf eine Antwort? Nein, der Himmel könnte uns theoretisch anstatt blau ebenso auch grün erscheinen, die Banane könnte ebenso gerade sein wie ein Lineal und Hühner könnten genetisch so veranlagt sein wie Katzen und daher ihre Küken gebären, anstatt Eier zu legen, aus denen sie schlüpfen.

Die Welt **IST SO**, wie sie uns erscheint und sie befindet sich deshalb in beständigen Wandel, weil sich Gewahrsein sonst statisch und damit gar nicht erführe.

Die Sinnfrage ist nur solange relevant, solange geglaubt wird, das Universum sei entweder das erschaffene Produkt eines Schöpfergottes oder das Produkt einer unpersönlichen Evolution, die nach dem Urknall und der chemischen Evolution durch das ihr inhärente Prinzip der sogenannten „natürlichen Selektion" beständig biologische, psychologische und spirituelle Fortschritte macht, um womöglich „am Ende" ein noch unbekanntes Ziel zu erreichen: Den Übermensch, den Gottmensch, den neuen Mensch, den unsterblichen Mensch. Eine neue Erde, auf der Gerechtigkeit wohnt.

Erscheint das Universum jedoch schlicht nur im Gewahrsein, so ist dessen **Sosein** schlicht das, als was es sich wahrnimmt bzw. erfährt. Offensichtlich und beobachtbar ist, dass es sich beständig wandelt, es gibt jedoch keinen Beweis dafür, dass es ständig „nur" Fortschritte macht und sich von Alpha zu Omega entwickelt. Vielmehr scheint die Geschichte zu beweisen, dass Aufbau und Zerstörung zwei gleichberechtigte Kräfte sind, die sich in ihren jeweiligen Aktivitäten abwechseln.

Nun ist es raus, titelte die Bildzeitung: *Die Erde stirbt.* Könnte sein, aber aus meiner Sicht wäre das wirklich kein Drama. Ich seh das nicht deshalb so, weil ich zum prognostizierten Zeitpunkt längst Asche sein werde. Ich seh es so, weil ich weiß, dass selbst die Vernichtung der Erde *Gewahrsein ist, das sich erfährt* – egal ob im Aufbau oder in der Zerstörung all der Objekte, die in ihm erscheinen. Und wenn die Prognose tatsächlich stimmen sollte, was ich bis zum Beweis derselben selbstverständlich bezweifle, wäre es zweifellos das Beste, was der Erde geschehen kann.

Es wird freilich fortan aufgrund dieses dramatischen Umweltberichtes weit größere Bestrebungen geben, um die Erde doch noch zu retten. Wenn ihre Vernichtung jedoch beschlossene Sache ist, wird keine einzige dieser Maßnahmen greifen.

Ich bin weder auf der Seite der Pessimisten noch auf der der Optimisten. Ich tue daher „bewusst" weder etwas zur Rettung noch zur Vernichtung der Erde. Ich fordere jedoch auch nicht dazu auf, meine Haltung in dieser Sache zu übernehmen. Ich sage vielmehr: Ob du etwas dafür tust oder nicht, ist deine Bestimmung, denn in Wahrheit existieren wir alle nur virtuell im Gewahrsein.

Ob die Erde stirbt oder weiterhin existiert, hat nur solange Bedeutung für dich, solange du zu glauben vermagst, dass sie real ist. Es ist exakt so wie in einer Illusionsshow: Solange dir das Zersägen einer halbnackten, wohlgeformten Dame real erscheint, wirst du erschrecken. Wenn dir aber bewusst ist, dass es eine Show ist und du womöglich sogar den Trick kennst, der deine Wahrnehmung täuscht, wirst du anstatt unter nervlicher Anspannung zu leiden, still in dich hinein lächeln. Einfach weil du weißt, dass in Wahrheit überhaupt nichts passiert.

Wie?

Wie man glücklich wird!

Wie man erfolgreich wird!

Wie man reich wird!

Wie man sich den Wunschpartner angelt!

Wie man gesund 110 Jahre alt wird!

Wie man erwacht!

Wie man in die Schwingung der Liebe kommt und lebenslang in ihr bleibt!

Wer aber fragt **was**?

Was ist Glück?

Was ist Erfolg?

Was ist Reichtum?

Was ist der Wunschpartner?

Was ist Gesundheit?

Was ist Erwachen?

Was ist Liebe?

Und letztlich können all diese Fragen in einer zusammengefasst werden:

Was ist Leben?

Ich sage: Leben ist das, was du jetzt gerade er-lebst. Und das wird immer so bleiben. Das wird sich nie ändern, egal was du erlebst. Es kann sich nicht ändern. Selbst wenn du gedanklich in der Vergangenheit bist oder in irgendeiner (un-) möglichen Zukunft, er-lebst du auch das in genau dem Moment, in dem es er-lebt wird. Und wenn du das checkst, lebst du wirklich. Ansonsten lebst du zumeist am Leben vorbei.

Es spielt wirklich nicht die geringste Rolle ob du weißt wer du bist. Wenn sich dir die Frage stellt, klar, dann wirst du keine Ruhe finden, bis du es weißt. Da du es aber nie wissen wirst, aber meinst es (irgendwann) wissen zu können oder gar zu müssen, bleibt die Unruhe.

Jetzt schreibe ich. Das ist jetzt Leben für mich. Vorhin aß ich. Dann gab ich dem 7jährigen Yannick einen Gutenacht-kuss. Das war in dem Augenblick, in dem es geschah, Leben in meiner Wahrnehmung.

Würde ich beim Schreiben denken: „Müsste ich nicht ei-gentlich noch aufräumen, bevor ich schreibe? Ist das, was ich schreibe auch das, was sich schreiben soll? Wieso reise ich nicht stattdessen um die Welt? Wieso sitz ich in diesem 1000-Seelen-Kaff rum und schreibe?“, dann lebte ich am Leben vorbei, weil ich das, was ist, wie es sich gerade ereig-net, nicht wirklich er-lebte.

An diesem Tag geschah nichts aufregendes, nichts Beson-deres, nichts Bewegendes. Dennoch hab ich nicht das Emp-finden, mir würde was fehlen.

Was ist Leben? Dass es ge-lebt wird! Dass das, was geschieht, in meiner Wahrnehmung genau das ist, was und wie Leben jetzt sein soll.

Viele Menschen fragen Wie *soll ich leben, um wirklich zu leben*, dabei ist es genau diese Frage, die das Leben verdirbt, vernebelt, verschleiert, vernichtet!

Die Wie-Bücher, die sind gefragt. Dies wissend hab ich als Marketingfachmann den meisten meiner Bücher Titel verpasst, die zum Zugreifen animieren! *Gar nichts tun und alles erreichen* beispielsweise. Manch ein Leser war anschließend ziemlich enttäuscht. Hatte sich vorgestellt *eine Methode* an die Hand zu bekommen. So verblödet sind wir. Dass wir selbst bei so einem eindeutigen Titel wie „Nichts tun…" glauben, wir könnten und müssten es lernen!

Hamm. Hamm. Hamm. Schaufeln, reinziehen, greifen, wo hinkommen, wo reinkommen, wo rauskommen, in jedem Fall anderswo sein als hier, etwas machen, etwas tun, agieren, weiter kommen! *Ich muss doch was tun, um rauszukommen aus dieser Scheiße!*

Nein und nochmal Nein! Du musst gar nichts tun! Je mehr du tust, desto tiefer rein kommst du in das, wovon du meinst, dass es nicht sein soll wie es ist.

Alles was du nicht einmal musst, sondern **könntest,** wäre schlicht zu **verstehen,** dass du bereits LEBST und das dies, genau dieses Leben hier, das ist, was du hast und dass **mehr** als dieses (Leben) hier gar nicht geht!

Ich lehre nicht das Leben *wertzuschätzen*! Denn wenn du das *praktizierst*, ist Wertschätzung ein einziger Krampf. Denn du wertschätzt dann wiederum mit einem Ziel: Raus aus der Scheiße *durch* Wertschätzung! Dabei gibt's gar keine Scheiße. Außer die im Klosett!

Das zu verstehen führt zurück ins sinnlose Leben. So wie es ist. Es gibt keinen Grund für das Leben, kein Ziel, keinen Sinn, keinen Zweck! Keine Schöpfung und keinen Schöpfer! Das ist das unfassbare Wunder (nachdem du absurderweise noch Ausschau hältst)

Wie die Kinder werden. Warum? Weil Kinder hier sind. Jetzt sind. Staunen. Lieben. Weinen. Jedoch den Schmerz ganz schnell vergessen. Nicht fragen warum es so ist wie es ist.

Ich lehre auch nicht: Befreie dein inneres Kind! Denn wenn du das *praktizierst*, wirst du nicht zum Kind sondern zum Hanswurst. Erwachsene, die sich wie Kinder *verhalten,* und vorher Sitzungen machen, um den Urschrei zu üben oder das Eltern-Ich zu töten, indem sie auf ein repräsentatives (unschuldiges) Kissen einschlagen, wirken kindisch, nicht kindlich auf mich.

Du musst gar nichts tun, nur **verstehen**. Verstehen, dass Leben ist wie es ist. Verstehen, dass Leben nicht anders sein kann, als es nun einmal ist. Verstehen, dass niemand anders sein kann, als er ist. Verstehen, dass Leben nicht anders sein muss als es ist.

Leben ist. Niemand weiß woher es kommt und warum es da ist in so atemberaubender Fülle, Vielfalt und Komplexität, aber dass es da ist, daran vermag niemand zu zweifeln.

Was nützt dir die Urknall- oder Evolutionstheorie?

Was all die mystischen Schöpfungsgeschichten?

Was all die Philosophien und religiösen Ideen, um an irgendeinem imaginären Ziel anzukommen? Irgendwann! Vor oder dummerweise sogar nach dem Tod!

Du existierst. Alles, was du über die Existenz **weißt**, existiert nur in Gedanken. Wirklichkeit ist nur das was ist.

Alles was Leben **tut** ist zu **da-zu-sein**. Schau nach. Guck hin. Überprüf es. Glaub mir kein Wort!

Kein Sinn. Kein Zweck. Kein Ziel. Kein Auftrag.

Nur Leben.

Hör auf mit dem Praktizieren irgendwelcher Methoden oder dem Ausschau halten nach der ultimativen! Empfehle ich. Schmeiß sie allesamt auf den Müll. Dafür setz dich ganzarschig, nicht etwa halbarschig auf deinen Allerwertesten und öffne dich, um…. zu verstehen.

Wer Leben sein lässt, wie es ist, lebt.

Wer es zu leben versucht, ist lebendig tot.

Das Buch der Torheiten

In seinem Roman *Die Brooklyn Revue* lässt der amerikanische Schriftsteller Paul Auster seinen Protagonisten, der an Lungenkrebs erkrankte und zum Sterben an seinen Heimatort zurückkehrt, das „Buch der Torheiten" schreiben.

Eine gute Idee, so ein Buch zu schreiben, ganz besonders vor dem Sterben. Denn dann hast du noch mal was zum Lachen. Und auch was zum Nachdenken. Denn es sind die Torheiten, die das Leben lebenswert machen. Und es sind die Torheiten, die den größten Lerneffekt bringen.

Was der Standartmensch (oder noch besser: der „gestanzte" Mensch = *einer wie der andere*) für eine weise Entscheidung hält, ist zumeist nichts weiter als „angepasstes Handeln" und das Motiv ist die Angst. Die meisten Standartmenschen scheißen sich in die Hose vor Angst, selbst wenn sich nach außen Selbstsicherheit demonstrieren.

Wirkliche Weisheit ist in den Augen der ausgetanzten Standartmenschen *immer* Torheit. Denn es passt nicht in ihre „Form".

Was töricht ist vor der Welt, das hat Gott erwählt, dass er die Weisen zu Schanden mache. 1. Kor. 1: 27

Die (Welt)Weisen sind somit die Deppen, die Narren die (wahren) Weisen. So originell hat die Natur dies eingerichtet. Die Natur ist ein Schelm.

Wenn ich auf mein Leben zurückblicke, waren es nicht meine von allen oder zumindest von vielen Menschen anerkannten Leistungen, sondern eindeutig die Torheiten, auf deren keine ich verzichten möchte. Und die Betonung liegt auf dem Wörtchen „keine". Ich bereue nichts, im Gegenteil, irgendwie find ich's schade, dass nicht noch mehr Torheiten in mein Drehbuch geschrieben waren.

Das sah ich nicht immer so. Es gab Zeiten, da beweinte ich meine Torheiten, ja, ich verfluchte mich für sie. Warum hat sich das geändert? An dieser Stelle fällt mir noch ein schöner und passender Bibelvers ein: *Denn die göttliche Torheit ist weiser, als die Menschen sind; und die göttliche Schwachheit ist stärker, als die Menschen sind. 1. Kor. 1:25*

Ich lernte vor einigen Jahren eine ältere Dame aus Belgien kennen, die mit 60 Jahren ihr Haus verkaufte (Wert 500.000 Euro) und nun einmal hier, einmal da auf der Welt lebt. Obdachlos auf hohem Niveau, könnte man sagen. Wenn die Zinsen nicht für den Lebensunterhalt reichen, nimmt sie Geld vom Konto, wobei ihre Barschaft natürlich immer weiter schrumpft. Alle, die sie kannten, schimpften mit ihr: *Wie kannst du nur so was machen? In deinem Alter! So ein schönes Haus gibt man doch nicht auf! Wenn du nicht aufpasst, landest du in einem Altenheim für sozial Schwache!* Diese mutige Dame war töricht genug, ihrem Bauchgefühl zu folgen und sie fühlt sich ausgezeichnet dabei. Wer weiß schon, was in 20 Jahren ist?

Dein Wunsch nach Sicherheit, er macht dich kaputt! Es sieht nach außen sehr weise aus, dich in jeder Hinsicht abzusichern, aber innerlich gehst du dabei vor die Hunde. Du bist wirklich ein Narr, wenn du glaubst, Sicherheit und die Einhaltung gesellschaftlicher Normen würde dein Glück vermehren. Ich gehörte zu diesen Narren, deshalb kann ich es mit Überzeugung sagen!

Ach, ich könnte eine Menge erzählen über meine Torheiten. Vielleicht schreib ich mal „mein" *Buch der Torheiten*. Aber zunächst möchte ich lieber noch einige Torheiten begehen, damit sich's auch lohnt darüber zu schreiben.

„Let's do something absolutely wrong", singt Leonard Cohen in einem seiner Songs, die ich liebe. Vielleicht wär es für den einen oder anderen einmal dran, nicht nur eine kleine, sondern so eine richtig große Torheit zu begehen. In jedem Fall besser geeignet als das Lesen des weisen *Tao te king*, um weise zu werden, kann ich nur sagen.

Einfach zu einfach

Und da sitzt dann ein Besucher vor mir und sagt kopfschüttelnd und gestikulierend: *Nee, Werner, nee, so einfach kann's denn doch wirklich nicht sein. Das habe ich nicht erwartet.* Der Besucher ist seit den 70ern spirituell suchend, war über 10 Jahre vor den Lotusfüßen Oshos in Poona gesessen, nicht andauernd, aber immerhin ein viertel Jahr per annum.

Das Problem ist nicht, was er von mir hört, das Problem ist seine Erwartung. Denn so viele Erleuchtungserlebnisse er auch schon hatte und so sehr er aus Erfahrung weiß, dass sie alle nicht dauerhaft sind – er sucht den Superorgasmus, und was ich ihm darreiche ist der… Supergau.

Was hab ich denn gesagt, um den Mann derart zu enttäuschen? Nur vier winzige Sätze: *Du bist Gott und es gibt nichts mehr zu tun. Denn was du erreichen wolltest, hast du erreicht! Du bist jetzt genau das Menschlein, das du sein willst in genau der Welt, die dir als eine Art Spielfeld dient. Also trink einen Kaffee, rauch wegen mir auch deine Zigarette und lach kräftig über deine über vierzigjährige Suche nach dem entscheidenden Kick.*

Aber genau das wollen sie natürlich nicht, die spirituellen Hardcore-Sucher. Sie nehmen alles auf sich. Askese, Entbehrung, stundenlange Konzentration auf den Atem. Ich hatte früher Fastenphasen von mehreren Wochen. Ich meditierte jahrelang täglich und das ziemlich regelmäßig. Ein genauer Ablauf war dabei zu befolgen, mit dem ich meine

Leser jetzt nicht langweilen will. Ich las Bücher ohne Ende. Die Regale quollen über. Alles umsonst, sag ich heute, obgleich: einen Sinn hatte das alles fürwahr: Die Erkenntnis, dass es sich nur um ein Spiel handelte. Das Suchspiel, wie ich es heute nenne.

Der wahre Kick ist, klar zu sehen, dass du nichts zu tun brauchst, weil bereits alles getan ist. Denn du bist Mensch. Du hast es tatsächlich, tatsächlich geschafft, dich in diese Fleischeshülle zu zwängen, bzw. um es spirituell korrekt auszudrücken – so zu tun, als wärst du in ihr drin und würdest von innen deine Gliedmaßen, deine Schritte, und die Lust deiner Augen bzw. deines Gaumens steuern. In Wahrheit steuerst du freilich überhaupt nix. Du bist vielmehr Gott, der ins Menschsein *überfließt* und dazu tust du nichts anderes als eben *überzufließen*. Du fließt über und indem du überfließt kommt die Welt dabei raus. Und die Welt ist genau das was du bist. Und irgendwann – zu einem Zeitpunkt, der bereits feststeht – erledigt sich diese Wahrnehmung. Die Wahrnehmung deiner/der Personalität ist natürlich gemeint. Dann brauchst du keinen Personalausweis mehr, auf dem man neuerdings auch deinen Fingerabdruck speichert.

Vor der Erleuchtung: Holz hacken und Wasser tragen. Nach der Erleuchtung: Holz hacken und Wasser tragen. Du kennst diesen Spruch? Die ZEN-Leute zitieren mit ihm einen Meister, der einem erstaunten Suchenden klar machen wollte, dass es beim Leben ums Leben geht, ums stinknormale menschliche Leben.

Da komme ich extra hierher und zahle auch noch 300 Euro, um zu erfahren, dass ich nix tun muss, dass alles schon getan ist.

Diese Information ist 3000, 30.000, 300.000, 3.000.000 Euro wert, entgegnete ich und eigentlich sogar unbezahlbar. Sie ist der reine Luxus. Denn du brauchst sie nicht. Gott hat sein Ziel erreicht. Er ist Mensch. Ob das Mensch weiß oder nicht ist unerheblich, nebensächlich. Ein entbehrlicher Luxus! Die Erfahrung des Menschseins *als solche* ist offenbar wichtig. Würde sonst die Mehrheit der Menschheit lebenslang an der Wahrheit wie an einem gut verborgenen Schatz vorbei spazieren?

Der spirituell Suchende ist eine Ausnahmeerscheinung. Das ist Fakt, nicht etwa meine Idee. Freilich suchte jeder den Sinn des Lebens in Phasen des Leidens. Aber sie gehen in der Regel ebenso schnell vorbei wie sie erscheinen. Wenige bleiben dabei, können sich nicht einfach ins normale Leben stürzen und die Frage nach ihrer wahren Identität vergessen. Diese Verrückten nennt man dann spirituell Suchende. Viele von ihnen werden einfach nur religiös. Verirren sich in Lehren und Dogmen. Kleiden sich eigenartig, feiern lebenslang Karneval mit ihren lustigen Kappen und Roben. Andere ziehen sich aus dem Alltagsrummel zurück, werden Mönche und Nonnen, wenngleich sie zumeist der Fleischeslust nicht zu entsagen vermögen und nachts unter die Bettdecke ihrer gleichgeschlechtlichen Leidensgenossen kriechen. Noch weniger begegnen der Lehre der Nondualität, allerdings ohne jemals nonduales Bewusstsein zu erlangen. Nur eine winzige Minorität ist dafür prädestiniert. Aber bitte, bitte, denk nicht, dies sei eine elitäre Gruppe von Menschen! Sie kommen lediglich zu der Einsicht, dass Gott Mensch (geworden) ist. Oder Leere zur Form. Ist das gleiche. Natürlich nur für einen gewissen Zeitraum. Meine Theorie: Weil Gott es nicht länger aushält! Denn so großartig und faszinierend das Menschsein bzw. die Formwelt auch ist, so mühselig ist sie. Mit dem Körper kannst du dich auf phänomenale Weise vergnügen, gleichzeitig hängt er dir an wie ein Sack Kartoffeln. Und je schwerer er wird (meistens mit zunehmendem Alter) desto mehr ächzt du unter ihm und würdest ihm oft am liebsten loshaben.

Du solltest aber nicht denken, dass Gott sich vertan hat. Dass es ein großer Irrtum war ins Fleisch zu kommen. Fromme Schreiberlinge vor ein paar tausend Jahren legten das zwar Gott in den Mund: *Da aber der HERR sah, dass der Menschen Bosheit groß war auf Erden und alles Dichten und Trachten ihres Herzens nur böse war immerdar, da reute es ihn, dass er die Menschen gemacht hatte auf Erden, und es bekümmerte ihn in seinem Herzen,* aber es war ihre eigene Frustration über die Menschheit, die hier zum Ausdruck kam und natürlich auch eine Erklärung für den gewaltigen Tsunami, der damals das Land überschwemmte und als Sintflut bekannt wurde.

Letztlich müssen wir aber gar nicht die Frage klären, ob Gott sich irrte oder ob alles exakt nach seinem Willen geschah. Denn alles was wir tatsächlich erleben ist die Formwelt. *Holz hacken, Wasser holen.* Ob vor oder nach der Erkenntnis, dass du in Wahrheit unsichtbar bist und auf völlig unerklärliche Weise sichtbar wurdest. Dass du in Wahrheit Bewusstsein bist, in welchem eine monumentale und äußerst wirkliche Traumwelt erscheint, in der du eine der Traumfiguren zu sein scheinst.

Wenn ich die Augen schließe und dir einfach nur zuhöre verstehe ich, was du meinst, sagte er zum Ende hin. Mir war, ihm zu sagen: Dann lass sie doch geschlossen, aber das hätte zynisch geklungen. Daher verwies ich auf so manch andere Besucher, die das auch zunächst sagten und später feedbackten, Friede sei eingekehrt in ihre Herzen und ein tieferes Verstehen habe stattgefunden.

Um ehrlich zu sein: Es fällt mir immer noch schwer meinen Besuchern überhaupt keine Hoffnung zu machen. Schließlich weiß ich aus eigener Erfahrung wie groß die Sehnsucht nach dem Ende der Suche ist. Soll ich jedoch aus Mitleid eine falsche Hoffnung vermitteln?

Die Sehnsucht nach Gott oder der Einheit mit Gott ist ja nichts anderes als deine Essenz, die aufgrund der temporären Blindheit für sich selbst als Sehnsucht nach Gott interpretiert wird. Sobald die Erinnerung an dich selbst zurückkehrt, ist sie verschwunden. Das ist so, als ob du dich nach deinem Angebeteten sehnst, weil du meinst, er habe dich verlassen und urplötzlich schreitet er durch die Tür, macht dir eine lange Nase und sagt, während er dich schließlich liebevoll umarmt: *Wollte nur mal sehen, wie du reagierst!* ☺

Adler und Maulwurf

Ist es nicht erstaunlich? Du wirst in die Welt geworfen, bist in vielen Fällen scheinbar umgeben von anderen Figuren, die sich als Papa und Mama ausgeben. Du hast ein Zimmer mit sogenannten Spielsachen. Du wächst heran, lernst zu sprechen und nicht mehr in die Hose zu machen, so dass Papa und Mama das Geld für Windeln anderweitig ausgeben können. Du weißt was das Wort Kindergarten bedeutet, später dann auch, was hinter dem Begriff Schule steckt. Du fällst hin, schlägst dir ein blutiges Knie, lernst, dass man da ein Pflaster drauf machen kann und auch, dass die Wunde sich nach nicht allzu langer Zeit wieder schließt. Du empfindest für bestimmte Menschen Sympathie, für andere Antipathie, auch wenn du die Begriffe noch nicht kennst, die entsprechenden Gefühle dafür sehr wohl. Du erfährst was es bedeutet schlechte Noten nach Hause zu bringen und natürlich auch – in den meisten Fällen – die Freude der Eltern bei guten.

Na ja, nun könnte daraus natürlich eine 800 Seiten starke Aufzählung werden und nutzte ich den Rohstoff einer Lebensgeschichte, um einen Roman zu schreiben, wäre es bei entsprechendem zeitlichen Einsatz ein leichtes auf 1600 Seiten zu kommen.

Und während der ganzen Zeit – von der Geburt bis zum Tod – ist der Glaube vorhanden, es handle sich bei dem was erlebt wird um meine Person bzw. andere Personen.

Dabei ist es wie in einem Roman: Du befindest dich nur deshalb in diesem Glauben, weil du richtig tief drin steckst in der Geschichte, die sich selbst erzählt und das nennt man Leben.

Noch nie erlebt, dass du einen Roman so spannend findest, dass du förmlich zum Protagonisten wirst? Du empfindest wie er, seinen Hass, seine Liebe, seine Resignation, seine Euphorie, seinen Schmerz, seine Freude. Doch ein gewisser Abstand, eine gewisse Distanz bleibt dir stets erhalten. So involviert du auch bist, irgendwie bleibt dir bewusst, dass du nicht die Person bist, mit der du dich identifizierst.

So ähnlich ist es, wenn dir schlagartig klar wird, dass du nicht geboren wurdest und daher nie stirbst. Natürlich bist du noch identifiziert mit dem Körper, den du als „meinen" betrachtest. Wie sollte Leben sonst funktionieren? Unmöglich! Dennoch weißt du, dass du nicht der Körper bist! Du bist nicht einmal, was du liebst oder hasst! Nicht das du nicht mehr hassen und lieben könntest, du wirst nicht etwa zum Neutrum, und dennoch weißt du, dass du weder liebst noch hasst. Denn du bist der Leser deiner eigenen Lebensgeschichte.

Wie kann man die(se) Wahrheit vermitteln? Nur indem man auf sie verweist. Springt etwas in dir beim Lesen oder Zuhören an, sagt etwas tief drinnen „Ja, so muss es sein!" oder gar „Ja, so ist es!" ist die Vermittlung gelungen. Sagt etwas: „Mindfuck!" soll es nicht gesehen werden. Gott möchte gegenüber sich selbst blind bleiben. Das Leben aus der Maulwurfsperspektive genießen: Blind in der Erde wühlend! Warum auch nicht! Es muss Adler und Maulwürfe geben.

Wenn du allerdings dieses Buch liest, ist die Chance gering, kein Adler zu sein, der lediglich noch nicht weiß, dass er einer ist. Der Maulwurf fühlt sich hier nicht sonderlich wohl. Früher oder später wird er, sollte er sich tatsächlich hierher verirrt haben, in seine dunklen Höhlen zurück kehren und tun, was er tun muss: Wühlen und unschöne Erdhaufen auf der Wiese aufwerfen!

Andere Welten

Wenn Gott sich hier in dieser virtuellen Welt manifestiert, gibt es doch sicherlich noch viele andere virtuelle Welten (Himmel, Hölle, Unterwelt, Astralzonen und wie sie alle genannt werden können), in denen ER sich vergnügt oder Erfahrungen sammelt. Und wenn dieser Körper verstirbt, kann es nicht sein, dass Teile dieses Erfahrungsschatzes abwandern in andere Welten, um dort ebenso unwirklich/flüchtig wie hier in dieser Dimension zu agieren?

Wenn es die von dir angedeuteten anderen Welten tatsächlich gibt, können sie nicht viel anders aussehen als diese hier. Denn hast du hier nicht Himmel und Hölle? Lustvolle Augenblicke in höchster Ekstase, Schmerz, der in dunkelste Abgründe führt? Hast du hier nicht Paläste und Slums? Den Luxus in Dubai, die Armut in Bangladesch? Hast du nicht hier die skurrilen Welten gefeierter Bildhauer und Maler, die virtuellen der Regisseure, und was ist mit der Welt der Klänge? Wir wissen nicht wie Meerestiere empfinden, auch nicht was ein Appenzeller Sennenhund, eine Burmilla-Katze, ein indischer Elefant, ein Ameisenbär, der Stirnlappenbasilisk oder der Quastenflosser erfahren. Ach Gottchen, wie viele Welten! Denn die der Pflanzen und Mineralien haben wir noch gar nicht erwähnt! Und wenn ich Pflanzen sage, bin ich mir der kläglichen Armut dieses Wortes angesichts der unzähligen Arten bewusst. Allein im Reich der Orchideen soll es etwa 1000 Gattungen mit 15 bis 30.000 Arten geben. Die Mineralien unterteilt man in 9 verschiedene Gruppen.

Jede eine Inkarnation dessen, was unaussprechlich bleibt, selbst wenn wir es armselig zu bezeichnen versuchen.

Daher gibt es die Kathedralen, die Dome, die Kirchen und Kapellen, die Tempel und die Altäre, die hölzernen und goldenen Gottheiten, und, nicht zu vergessen, die Original-Satya-Sai-Baba-Räucherstäbchen, deren Aroma ich weitaus mehr schätze als deren Quelle in Puttaparthi. ☺ Das alles entstand und entsteht in dem Empfinden des höheren Geistes, den jeder Mensch wahrnimmt, ob er nun ein Heiliger ist oder ein Verbrecher. Man möchte voller Ehrerbietung niederfallen, wenn sich diese Dimension auch nur einen Spalt weit öffnet.

Vor wem oder was niederfallen? DEM (Unaussprechlichen) gab man dann Namen und hier beginnt die Misere, die man zusammengefasst Religion nennen kann. Insbesondere dann, wenn sie zur Organisation wird. In meiner Wahrnehmung bedarf es keiner anderen Welten, diese hier ist so reich an Möglichkeiten zur Entfaltung und Erfahrung, dass sie selbst in Trillionen von Inkarnationen unmöglich ausgeschöpft werden kann. Und ich denke, ein geistiger Tropfen, der zehn Milliarden mal auf die Erde fiel und entsprechend *erfahren* ins Meer der Undifferenziertheit zurückkehrt, mag die Schnauze endgültig voll haben und zuhause bleiben, anstatt zum x-ten Mal abzuregnen. Was immer das auch konkret bedeutet. Manche haben es Nirwana[2] genannt.

---

[2] Nirwana ist kein Ort. Es ist kein „Himmel" und keine greifbare Seligkeit in einem Jenseits. Nirwana ist ein Abschluss, kein Neubeginn in einer anderen Sphäre. Es ist ein Wechsel des Zustands, nach dem alle Vorstellungen und Wunschgebilde gleichsam überwunden und gestillt sind.

Ist das jedoch nicht der Fall, wird, ja muss er wohl oder übel wiederkommen. Gemäß dem bekannten Sprichwort: *Was du heute nicht kannst besorgen, das verschiebe doch auf morgen!* ☺

Kürzlich tröstete ich einen etwas betagten Besucher, nachdem er mir klagte, sein größter Wunsch habe sich noch nicht erfüllt und ich dabei realisierte, dass sich dieser angesichts seines fortgeschrittenen Alters auch nicht mehr erfüllen würde, es sei denn, ein biologisches Wunder geschähe, mit den Worten, er solle sich doch noch etwas gedulden. Als er dann seufzend fragte: „Mein Gott, Werner, wie lange denn noch?", sagte ich, leider könne ich ihm, da ich kein Seher sei, nicht vorhersagen, wann sein Todestag sei.

Für eine Schrecksekunde, die ich ihm allerdings gönnte, sah er mich wie erstarrt an, dann lachten wir Tränen. ☺✓☠

Auf der anderen Seite

...meine Eltern hatten nie einen netten Übernamen für mich ... vielleicht Mausi, Schatz oder was weiß ich was! Ich hab für meinen Hund einige. Nie hat mich einer von den Beiden in den Arm genommen und gesagt ... ICH HAB DICH SO LIEB! Glaub mir Werner, samt „nur Spiel" hätt ich mir in diesen jungen Jahren mehr Wärme gewünscht!!

....Ist halt so, es bewegen mich auch noch Dinge aus meiner Kindheit, steh ich auch dazu. Es tat mir auch ganz lange Zeit weh...

Weiß Gott, ich bin nicht gegen Schmerz! Schmerz ist wie Freude, sie erscheint nur am anderen Ende des emotionalen Spektrums. Ich konnte nie verstehen, warum weinenden Menschen gesagt wird: *Weine doch nicht! Deswegen doch nicht!* Oder ähnliches.

Auch wenn hier im Seminar jemand weint, seh ich es den anderen Teilnehmern an: Es ist ihnen peinlich! Es macht sie verlegen. Warum nur?

Lass die Leute doch weinen. Und weine, wenn dir danach ist. Weine nur nicht darüber, dass du weinen musst. Das ist nicht nötig und das erst macht richtig traurig.

Analysieren wir aber den Schmerz, gerade den, der Kindheitserinnerungen entspringt, stellen wir fest, dass er allein deshalb entsteht, weil wir uns und andere als Personen betrachten. *Mein Papi, meine Mami hat mich nicht wirklich geliebt.*

Und wenn die Szenen hochkochen, die diese Feststellung bestätigen, fließen freilich Tränen. *Man hat mich damals allein gelassen und das war so ein Schlag ins Kontor, von dem ich mich niemals mehr erholte. Daher kommen meine Verlustangst und all meine Misserfolge in Beziehungen.*

Ich frage dich: Was nützt es dir das zu wissen? Wird sich dadurch irgendwas für dich ändern? Hat sich etwas geändert, seit du es weißt?

Ich stellte fest, dass ich weder Mutter noch Vater habe. Dass ich niemals ein Kind war, das zum Jüngling und schließlich zu dem wurde, was man ein gestandenes Mannsbild nennt. Mein sogenannter Lebenslauf hat mit mir nur insofern zu tun, als er in meiner Wahrnehmung auftaucht.

All die Frauen, mit denen ich schlief, solche, die ich von Herzen liebte und ebenso jene, mit denen ich lediglich meine Wollust ausleben wollte, existieren nur scheinbar. Wie könnte ich Schuldgefühle gegenüber denen empfinden, die mehr als ein Lustspiel von mir erwarteten? Wie könnte ich (noch) Verletzungen spüren, die mir von der einen oder anderen zugefügt wurden oder gar Gefühle der Rache?

Gefühle, die aus der Vergangenheit stammen, haben keinen Einfluss mehr auf dich, sobald du dir dessen gewiss bist, dass deine Persona nur der Avatar ist, mit dem du durch das grandiose Abenteuer Leben, dem Spiel der Formen und Farben, navigierst.

Wie viel Wert wird alten Emotionen beigemessen, die endlich, endlich hochkochen dürfen! Von Therapeuten, versteht sich! Ich behaupte: Dies hat nur in der dritten Dimension einen positiven Effekt. In der vierten bist du dir im Klaren darüber, dass du nicht bist, was erscheint. Du wechselst sozusagen die Seite. Und dort, auf der anderen Seite, dort ist nur dicker Frieden. Egal was erlebt wird.

Wie du dahin kommst? Du bist schon da, ist die einzig mögliche und korrekte Antwort. Und du weißt das auch bereits. Ich bestätige hier nur, was du bereits weißt.

Hier wird nichts Neues geschrieben. Nur das, was du bereits weißt. In immer neuen Gewändern kommt es daher. Manchmal roten, dann wieder grünen, gelben, prachtvoll weißen oder pechschwarzen. Mal mit Schottenmuster, dann wieder Uni. Das Aussehen ändert sich, nie der Stoff selbst. Der Stoff besteht aus der Essenz, die du bist, immer warst, immer sein wirst. Und so wächst das Pflänzchen, es wird zur Pflanze und schließlich zum Baum.

Stark, kräftig, unumstößlich, endgültig.

Kümmere dich nicht um dein Wachstum! Ein Same hat darin gar keine Wahl. Er kann nicht nicht wachsen. Was er wird, ist in ihm angelegt.

Tu nix für dein Wachstum. Genieße vielmehr die Sonne, den Morgentau und den Regen, genieße selbst den, der das Unkraut jätet oder dich umtopft, weil der Boden nicht nahrhaft genug ist.

Das Ego muss nicht weg

Viele sogenannte spirituelle Meister sagten und sagen noch immer: Das Ego muss weg. Das Ego behindert dich. Nur wenn das Ego stirbt, erkennst du das Selbst. Ich sage nicht, dass sie falsch lagen/liegen, womöglich drückten sie sich nur unbeholfen und missverständlich aus. Weil es in Wahrheit kein Ego gibt, kann man es weder verleugnen noch auslöschen. In dem Augenblick, wo es als virtuelle Realität durchschaut wird, ist es kein Hindernis mehr.

Das Problem, das spirituell Suchende haben, ist nicht das Ego, sondern der Eindruck persönlicher Täterschaft im Ego. Und ich wiederhole es gerne: dieser Eindruck DARF in den meisten Menschen nicht ausgelöscht werden, sonst machte selbst ein Kinofilm keinen Spaß mehr. Wovon lebt denn ein guter Kinofilm oder Roman? Von dem Eindruck persönlicher Täterschaft.

Du hast mir das angetan. Und deshalb nehme ich Rache. Und wenn ich dabei die Welt umrunden muss.

Ich habe versagt. Und das kann ich mir nicht verzeihen! Obgleich es schon über 40 Jahre her ist. Und ich muss sie finden, um sie um Verzeihung zu bitten. Sonst kann ich nicht in Frieden sterben.

Aber warum ist nur **so viel** Negatives in der Welt, fragte kürzlich jemand. Was er eigentlich fragen wollte, ist: Warum **mehr** als Positives? Meine Antwort: Weil du über die Medien kaum etwas von dem hörst, was positiv ist. Schlagzeilen macht der Dreck, nicht der Glanz. Außer über Gewinner in der Welt des Sports (Trophäen), der Wissenschaft (Nobelpreis) oder des Films (Oskar) berichten die Tageschau und die Medien insgesamt doch fast nur über Skandale.

Es gibt genauso viel Positives wie Negatives in der Welt, weil das eine das andere bedingt. Denk drüber nach und du wirst zum gleichen Ergebnis gelangen. Nur so ist „Welt" überhaupt denkbar und möglich.

Wenn persönliche Täterschaft als Fake durchschaut wurde, und dazu noch als *notwendiger Fake*, um diese Show möglich zu machen, bist du fein raus! Denn du bist nun frei alles zu tun, was deine genetischen, konditionierten und Umstände-Grenzen zulassen. Und du kannst natürlich auch – wenn es deine Programmierung erlaubt – selbstverliebt vor dem Spiegel stehen. Schließlich bist du ja nicht mehr von der Irrlehre beeinflusst, das Ego töten oder zumindest hintan stellen, verleugnen zu müssen. Denn du rennst nun keinem Phantom mehr hinterher. Das Ego ist, wie jede Form, die entsteht und vergeht, nur eine Erscheinung. Ohne sie vermagst du nicht zu existieren. Nur eins kann in deiner Wahrnehmung *nicht mehr* erscheinen: Der Eindruck persönlicher Täterschaft. Damit sind in deiner Erfahrung keine Schuldzuweisungen und daher auch keine Rachefeldzüge mehr möglich. Kein Stolz kann entstehen, kein Neid, keine hypothetische Angst. All diese Phantome sind wie ausradiert, wenn der Eindruck persönlicher Täterschaft aus deiner Erinnerung gelöscht ist.

Das Ego jedoch, es ist scheinbar ebenso vorhanden wie deine Nase, wenn du in den Spiegel siehst. Und ich bin der

Letzte, der es zu schwächen- oder dir einzureden versucht, es zu töten. Im Gegenteil: Wenn irgendwie möglich stärke ich es, denn nur ein starkes Ego vermag sich in dieser Welt durchsetzen. Wovon es befreit werden muss, um im Frieden mit sich und anderen zu sein, ist einzig der Eindruck: Ich bin es, der denkt, der entscheidet und handelt.

Doppelleben?

Wenn du einen See betrachtest, hast du kein Wasser in deinen Gedanken. Im Gewahrsein eines harten Gegenstandes liegt keine Härte. Das Gewahrsein einer Verwirrung ist nicht verwirrt. Das Gewahrsein eines Zeitablaufs erfordert keine Zeit, es enthält keine Zeit.

Tad Golas

Hier liegt der Hase im Pfeffer! Genau hier! Du glaubst vielleicht: Mir geht es schlecht! Aber was genau meinst du damit? Genauer gefragt: Wen meinst du mit „mir" und was genau meinst du mit „schlecht"?

Im Gewahrsein, dass es mir schlecht geht, ist weder ein „mir" noch das, was man „schlecht" nennt. Gewahrsein ist (immer) unberührt. Wie eine Leinwand unberührt bleibt von den Geschehnissen eines Films, der sich auf ihr abspielt. Spielt er sich auf ihr ab und du schaust zu, kannst du nicht unterscheiden. Du kommst noch nicht einmal auf die Idee zu unterscheiden. Du bist wie gebannt von dem, was sich auf ihr abspielt. Spätestens dann, wenn die Filmrolle ihr Ende erreicht, weißt du, dass (mit der Leinwand) überhaupt nichts passiert ist.

Es wäre fatal, wenn du keine Gefühle mehr hättest. Keine Freude, keinen Schmerz, keine Erfüllung, keine Langeweile, keine Sympathie, keine Vorlieben, keine Abneigungen. Die Frage ist einzig, ob dir bewusst ist, was da in Wahrheit geschieht. Wer du in Wahrheit bist! Das was erscheint oder das worin das erscheint, was jeweils erscheint.

Klar gibt es das, was man Zeit nennt. Schau ich in den Spiegel nehme ich einen alten und mit jedem Tag älter werdenden Mann wahr, dessen Haare weiß sind und dessen Haut seine Glätte verliert. Schließlich weiß ich, dass die Haare einst braun und die Haut glatt wie ein Kinderpopo war. Also, Zeit gibt es. Aber – und von diesem Aber hängt die Art deiner Wahrnehmung ab – im Gewahrsein der Zeit ist die Zeit nicht real, im Gewahrsein wird sie lediglich wahr-genommen.

Erst wenn du dir dessen gewahr wirst Gewahrsein zu sein, bist du nicht mehr über dich und manche deiner Gedanken und Taten erschüttert. Was hat das alles mit mir zu tun, der ich doch nicht bin, was erscheint?

Führe ich dann nicht ein Doppelleben? Die Antwort: Was hat Gewahrsein denn überhaupt mit Leben zu tun? Nur so viel, als das Leben in ihm erscheint! Aber im Gewahrsein dessen, was wir Leben nennen, ist kein Leben. Gewahrsein ist jenseits von Leben und ebenso jenseits des Todes.

Wie kann ich das empfinden, wissen, mir dessen gewiss sein?

Das ist kinderleicht. Du trittst sozusagen nur einen Schritt zurück, wobei das natürlich nur ein Bild ist. Denn Gewahrsein kann gar nicht zurück treten. Es ist nur so, als wäre es in das, was in ihm geschieht, involviert. Gewahrsein gewahrt sich in der Regel nicht selbst (als den Hintergrund jedes Vordergrundes.) Es hat sich sozusagen mit dem *ver-*

mengt, was lediglich in ihm geschieht. Wie die Leinwand mit dem Film, der sich auf ihr abspielt. Doch genau das kann sich ändern. Jetzt, hier, beim Aufmerksamwerden auf das, was jeder Erscheinung zugrunde liegt – dem Gewahrsein.

Entkopple dich einfach von dem was geschieht, indem du wahrnimmst, dass es tatsächlich nur wahrgenommen wird. Ich rede ja hier nicht über etwas Abstraktes. Ich rede über die allem zugrunde liegende Realität! Da sollte es schon möglich sein, dass du dir ihrer bewusst wirst, sonst wäre es tatsächlich das Gefasel eines Wahnsinnigen!

Nein, wahnsinnig sind vielmehr die, die nicht mehr wahrnehmen können, dass sie in Wahrheit Wahrnehmung sind, die lediglich wahrnimmt, was wir Leben, was wir Ereignisse, was wir Schicksal nennen. Dieser Wahnsinn begegnet uns täglich in Form all der Menschen, die sich für die Erscheinungen halten, die lediglich im Gewahrsein entstehen (oder über die Leinwand flimmern). Dieser Wahnsinn soll freilich so sein, es ist aber nichtsdestoweniger eine Wahnvorstellung. Denn was ist denn Wahn? Wikipedia vermeldet simpel: eine Denkstörung. Ich definiere Wahn so: Gewahrsein, das sich selbst zugunsten des Wahrgenommenen ausblendet. Das ist optimal, wenn du weißt, dass du Gewahrsein bist. Wie sollte flottes und erfolgreiches Arbeiten möglich sein, wenn dir ständig bewusst sein müsste, dass du nicht arbeitest, sondern Gewahrsein bist, in dem sowohl der Arbeiter als auch die Arbeit erscheint? ☺

Problematisch wird das Ausblenden nur, wenn du gar nicht um das Ausblenden weißt. Mit anderen Worten: Wenn dir überhaupt nicht bewusst ist, dass dir nur bewusst ist, dass gearbeitet wird. Wenn du also glaubst: Ich bin der Arbeiter, der arbeitet. Hier beginnt der Wahn(sinn).

Ist dir aber bewusst, dass du dir nur dessen bewusst bist, dass gearbeitet wird, ist es völlig unproblematisch, ja sogar nützlich, ganz und gar in der Arbeit aufzugehen und eben nicht ständig daran zu **denken**, dass ich mir dessen gewahr bin, dass sowohl der Arbeiter als auch die Arbeit nur im Gewahrsein erscheint. Ich hoffe mich verständlich machen zu können.

Gewahrsein hat im Grunde überhaupt nichts mit Gedanken zu tun, obwohl es so scheint, als würde ich mich als Gewahrsein denken, doch der Gedanke definiert nur, was Gewahrsein (ohne Gedanken) gewahrt. *Im Gewahrsein eines Gedankens ist keine mentale Aktivität*, könnte man ebenso sagen wie *im Gewahrsein eines harten Gegenstandes ist keine Härte und im Gewahrsein von Wasser keine Nässe.*

Werde dir dessen gewahr, dass du Gewahrsein bist, nicht, was in ihm erscheint. Das ist keine schwere Aufgabe, es ist vielmehr ein Pausieren, ein Zurücktreten, tja eben ein *Gewahrwerden*. Oder einfacher ausgedrückt: Dein (ganz) natürlicher Zustand.

Du bist nichts als ein Programm

Lieber Werner,

*wieso ist es **so** schwierig unangenehme Situationen und Menschen zu akzeptieren, wenn ich doch **weiß** dass Dualität bzw. Gegensätzlichkeit notwendig ist, um überhaupt existieren zu können.*

Es ist nicht schwierig, es ist vielmehr unmöglich! Wissen nützt überhaupt nichts. Selbst wenn du weißt, dass es das Beste wäre zu akzeptieren anstatt zu rebellieren – im sogenannten limbischen System wird darüber bestimmt wie reagiert wird, du bist sozusagen nur das ausführende Organ. Und nicht einmal das: Du bist nur ein Programm! Wenn du zu reagieren meinst, ist schon längst entschieden, wie reagiert werden soll.

Im Lauf eines Lebens ändern sich Reaktionsmuster, besser: sie „können" sich ändern. Und zwar durch Einsicht. Denn das limbische System oder das emotionale Gedächtnis richtet sich nach einem äußerst einfachen Prinzip: Es will für seinen illusorischen User (den es in Wahrheit selbst used) Freude gewinnen und Schmerz vermeiden.

Das kann unter Umständen bedeuten, dass jemand raucht, obwohl er weiß, dass es ihm nicht gut tut. Dass er schneller eine Erkältung bekommt, morgens schon hustet, schnauft, wenn er Treppen steigt, ins Schwitzen kommt, wenn er sich ein wenig schneller bewegt. Solange das Rauchen „ihm" aber mehr Freude als Schmerz zu bringen scheint, wird sein Gehirn sich fürs Rauchen entscheiden und die Logik bleibt auf der Strecke.

So ist es mit allem. Auch mit der Akzeptanz von unangenehmen Zeitgenossen und Situationen. Du begreifst zwar intellektuell, dass es das Beste ist in Akzeptanz zu sein, im limbischen System aber regiert ein Reaktionsmuster, das dabei Schmerz empfindet, zumindest mehr Schmerz als Freude und deswegen bist du nicht fähig, deiner Einsicht gemäß zu handeln.

Reaktionsmuster können sich aber ändern. Einsicht, die tiefer sinkt, ist eine Möglichkeit, Abgewöhnung eine andere. Und meistens gehen die beiden zusammen. Beispiel: Umstellung von Gangschaltung auf Automatik im Auto. Als erstes geschieht Einsicht: *Ich muss jetzt nicht mehr schalten, das Auto kommt „ohne mich" in die Gänge.* Dennoch geht die Hand nach unten. Eine Zeitlang zumindest. Irgendwann ist dieses Reaktionsmuster aber „deaktiviert". Dann **regiert** die Einsicht. Und deine Handlungen sind zweifelsfrei andere als zuvor.

Das Gleiche gilt für die Akzeptanz. Einsicht ist das Erste. Solange nicht klar ist, dass Akzeptanz die beste und klügste Handlungsalternative darstellt, wird und kann sich nichts ändern. Dann kommen die unangenehmen Situationen und Personen wieder auf den Plan. Das System reagiert gewohnheitsmäßig mit Abneigung. Denk dran: Völlig normal, geht gar nicht anders, weil deine Reaktionen nach fest etablierten Reaktionsmustern im limbischen System erfolgen. Aber – und dieses Aber ist Folge der neu gewonnenen Einsicht – die sich nun einmischt. Und immer mehr einmischt. Und schließlich zu einem neuen Reaktionsmuster wird, das deine Reaktionen **beherrscht**.

So oder so ist jeder von uns nur ein Programm. Wenn du aber weißt, wie sich Programme verändern können, erhält das Programm sozusagen den Schlüssel zur Modifikation seiner selbst.

Einmal klar. Immer klar.

Ich bin oft so unbewusst, Werner! Ich lebe als wäre ich ein Mensch und nicht in Wahrheit Gott, dabei ist mir bewusst, dass ich Gott bin, aber dann vergesse ich es und muss immer wieder daran erinnert werden. Das ist mein Dilemma!

Und wenn das einmal wirklich durchschaut worden ist, (be)kümmert es dich nicht mehr. Wozu um Gottes willen solltest du dir ständig dessen bewusst sein, dass du Gott-in-seinem-Menschsein bist? Bist du dir ständig deines Atems bewusst? Und doch atmest du!

Du bist Gott, sonst wärst du nicht lebensfähig. Zieht sich Gott aus dem Körper zurück, bist du als Mensch perdü! Du atmest dann auch nicht mehr. Nichts funktioniert mehr. Das ist das Ende menschlichen Lebens.

Gott ist im Dilemma, sobald er *vermenschlicht* wird. Sobald er sich in eine materielle Form begibt. Materie ist ja nichts anderes als sozusagen *verdichteter Geist*. Energie, die sich in der Form ausdrückt. Damit begrenzt sich das Unbegrenzte, die Unsichtbarkeit nimmt Sichtbarkeit an. Und ein Säugling hat seinen Ursprung vergessen. Vergesslichkeit gehört zum Menschenspiel. Und wenn die Erinnerung zurückkehrt, geschieht dies nur weil es geschehen soll. *Es stellt keine Notwendigkeit dar. Menschen können glücklich sein ohne sich zu erinnern. Vor allem aber können sie ohne Erinnerung überleben.*

Erinnerung ist damit ebenso wie alles andere ein Geschehen, das du nur scheinbar beeinflussen kannst. Du kannst dir beispielsweise überall Zettel hin kleben: *Ich bin Gott in meinem Menschsein!* Jedoch – selbst wenn deine Augen das überall um dich herum wahrnehmen, wird es dir nur dann etwas *bedeuten*, wenn es dir etwas bedeuten soll! Daher empfehle ich: Genieß es, wenn du dich erinnerst bzw. erinnert wirst, strebe jedoch nicht danach, ständig bewusst Gott zu sein. Du bist es, egal was du gerade denkst, fühlst oder tust. Du kannst gar nichts anderes sein. Ist das klar, wirst du nicht mehr danach streben.

Weshalb kleidet sich Gott ins Menschengewand? Natürlich um Mensch zu sein! Mit allem was Menschsein umfasst! Warum wird er sich nur in einer Minorität der Menschheit seiner selbst bewusst? Weil das offenbar nicht die *alles entscheidende* Erfahrung im Menschsein ist. Sonst würde er sich doch sicherlich in allen Menschen erkennen und zielstrebig darauf zuarbeiten. Für wie blöd halten wir eigentlich Gott?

Er benötigt nicht unsere Hilfe. Zwar bleibt er ohne Körper auch ohne Ausdruck. Aber was sagt uns denn das Wort „Ausdruck"! Denk am besten an deinen Drucker, um zu verstehen, was beim Ausdruck passiert. ☺

Wenn du mit Leidenschaft arbeitest oder wenn du intensiv mit einem Projekt beschäftigt bist, nimmt es dein gesamtes Wesen in Beschlag. Wie solltest du da ständig daran denken können, dass du in Wahrheit Gott bist? Es geht nicht ums Denken! Es geht ums Bewusstsein. Wenn dir etwas, egal was, bewusst wird, wird es erst dann zu deinem Verhalten, wenn es unbewusst wird.

Zunächst ist dir nicht bewusst, also unbewusst, dass du Gott bist. Wenn du dich erinnerst: *Ich bin Gott in meinem Menschsein,* möchtest du freilich in diesem (majestätischen) Bewusstsein bleiben und das fordert (vermeintlich) deine ganze Konzentration. Jedoch nur, weil dir nun bewusst ist, was vorher unbewusst war. Erinnerst du immer und immer wieder, wer du in Wahrheit bist, wird es unbewusst bewusst.

Vor dem Erinnern warst du bewusst unbewusst. Dann wurdest du (dir dessen) bewusst, (was vorher) unbewusst (war), schließlich bist du unbewusst bewusst. Um unbewusst bewusst zu sein, bedarf es eines (neurologisch erklärbaren) Prozesses. An seinem Ende jedoch wirst du nicht mehr die Notwendigkeit sehen, dir bewusst zu machen, dass du Gott bist. Es ist dir klar, ob du es dir nun bewusst machst oder nicht.

Bis dahin gibt's jedoch auch nichts zu tun, denn du wirst das Erinnern schlicht nicht vermeiden können. Wer es kann, sollte es unbedingt tun! Daher ist meine Empfehlung am heutigen Tag: Vermeide mit ganzer Kraft dich daran zu erinnern, dass du Gott bist! Das Ergebnis ist so ähnlich wie bei der Empfehlung nicht an rosarote Elefanten zu denken! ☺

Geschenke auspacken

Kommst du in die Welt, bzw. wird es Welt in (deiner) Wahrnehmung, sind in den Paketen, die das Leben dir schenkt, auch wenn nicht gerade Weihnachten ist, lauter Geschenke. Was ich meine ist: die Pakete sind voll. Nicht immer gefällt dir was drin ist. Aber voll sind sie. Und manchmal auch schwer, schlicht deshalb, weil der Inhalt nicht leicht ist. ☺

Die Pakete sind zumeist schön bunt verpackt und deshalb bist du auf sie fixiert. Du magst das Leben nur, wenn es bunt ist. So wie der Gehörlose, der Musik nur mag, wenn sie laut ist. Weil er sie nur so zu spüren vermag.

Außen bunt, innen voll, so muss Leben sein! Sonst hätten wir ja (im) Nichts, im Nullpunktfeld, in der Leere bleiben können, nicht wahr? Da war ja nun wirklich nix los! Nicht einmal den Frieden und die Ruhe konnten wir wahrnehmen, weil wir dort eben nur leeres Gewahrsein sind, Wahrgenommenes kommt erst hinzu, wenn der Paketdienst, bzw. das Leben beginnt!

Leben ist demnach was? Genau – ein Paketdienst! Ab geht die Post! Tag und Nacht ist geöffnet. Nur das du nicht immer da bist, um die Pakete in Empfang nehmen zu können. Wenn aber Wahrnehmung wahrnimmt, steht der Postbote vor der Tür und klingelt nicht nur zweimal. Er klingelt solange, bis du bereit bist, das Paket in Empfang zu nehmen.

Irgendwann, beim einen früher, beim anderen später, findest du raus, dass immer dasselbe drin ist. Egal was drin ist, in deiner Wahrnehmung ist es *immer dasselbe*. Es langweilt dich. Und dann machst du schließlich nicht mehr auf. Du verschließt (dich). Du latschst (verschlossen) durch die Welt, schaust zu, wie all die Postboten in die Häuser marschieren, siehst die leuchtenden (Kinder-) Augen derer, die sich noch an den bunten Paketen erfreuen und auch noch über den Inhalt staunen können, du stehst daneben und schüttelst den Kopf.

Nur um überhaupt was zu tun, machst du dann irgendwann wieder mit. Heißt: Du öffnest (gähnend) die Päckchen. Aber zu deinem größten Erstaunen ist nix für dich drin, außer … einem kleineren Päckchen, worin sich ein noch kleineres Päckchen befindet. Wie ist das nur möglich, denkst du. Und der Postbote kommt auch nicht mehr zu dir. Du hast es nun nur noch mit einem einzigen Paket zu tun, in dem immer neue und kleinere Pakete erscheinen, in denen nix anderes ist als jeweils ein neues, nur kleiner eben, sonst nix.

Wieso ist das bei mir so und nicht bei den anderen? Diese Frage kann man zwar stellen und muss sie sogar stellen, wenn sie sich stellt, beantwortet jedoch wird sie nicht – außer mit einem Lächeln. *Stell die Frage ein*, scheint das Lächeln zu sagen. *Die Anderen sind die Anderen und du bist du und nur wenn du du bist, anstatt auf die Anderen zu schielen, wirst du rausfinden können, warum du anders bist als die Anderen. Das ist Lektion Nr. 1, Nr. 2 und Nr. 3.*

Lektion Nr. 4 ist die Einsicht, dass dein Spiel nun deshalb so läuft, wie es läuft, weil dir die vielen bunten Pakete nix mehr bedeuten. Nicht die Postboten sind schuld, du hast schlicht keine Affinität mehr zu den vielen bunten Paketen. Sie bedeuten dir nix mehr, also weshalb zum Henker sollten sie noch geliefert werden?

Dich interessiert doch jetzt, was hinter dem Paketdienst steckt! Deshalb kriegst du nur das EINE, denn mehr gibt's ohnehin nie. Die Varianten sind nur für die, welche die Varianten begehren. Da geht's bunt zu und zahlreich. Wenn Langeweile einkehrt, wird dir ein neues Spiel gereicht. Und in dem wirst du schlicht und ergreifend auf die Wahrheit verwiesen.

Was bleibt ist das Eine, in welchem sich nichts anderes verbirgt als das Eine.

Gott ist das lustig…

Nein?

Findest du gar nicht?

Na dann entwickle doch einfach wieder eine Affinität zu den vielen und bunten Paketen! Du weißt ja jetzt ohnehin, dass es in Wahrheit nur eins ist, das leer ist. Das musst du dir doch nicht jeden Tag aufs Neue vorbeten.

Schöne Bescherung! ☺ ☹

Geschmeidiges Dahingleiten

Mensch, ich fahr ja immer in Gottes Schienen, die schon alle verlegt sind, und dass ich nicht alles vorher weiß, ist nur, damit es spannend bleibt, ich bin doch eine Straßenbahn und kein Auto, ..." und dann muss ich wieder lachen und merke: ich gehe grade eine Treppe hoch und fühle den Wind in den Haaren und den Regen auf der Haut. Mehr gibt's doch im Moment gar nicht zu tun. Ich war ja nach Neuseeland gekommen, um zu entscheiden, ob ich hier leben und arbeiten will oder nicht, und nun weiß ich, dass ich nicht weiß, was passieren wird, Gott aber längst schon alles entschieden hat. Ich werde ja merken, ob ich dann eine Bewerbung losschicke oder nicht.

Das ist eins der Ergebnisse, wenn im Gehirn geklärt ist, dass persönliche Täterschaft kein Fakt, sondern Fake ist! Genau das! Geschmeidiges Dahingleiten wie in einem Schienenfahrzeug, selbst wenn Entscheidungen anstehen. Und du wirst sie treffen müssen. Keine Möglichkeit dich zu drücken. Selbst wenn du nix machst, ist es eine fürs Nixtun. Und du fühlst dich schlecht, außer es ist die bestmögliche. Gibt's natürlich auch.

Schienen sind dafür ne gute Metapher. Kein Widerstand, selbst wenn einer die Notbremse zieht. Die Räder gleiten dahin, so oder so. Und die Weichen sind schon gestellt.

Dessen bewusst ist das doch ein ganz anderes Leben! Manche sagen: *Das macht mir Angst!* Mir machte Angst, dass ich allein verantwortlich war, dass ich jederzeit etwas falsch machen und im Abseits landen konnte. Nur weil ich nicht die *richtige* Entscheidung getroffen hatte.

Ich kann auch heute Entscheidungen treffen, die im Nachhinein betrachtet, nachteilig sind. Nachteilig in gesundheitlicher, finanzieller, sozialer, emotionaler Hinsicht. Eins aber kann nicht mehr passieren: Das ich mich dafür auch noch foltere! Mein Gott, wie konntest du nur... wieso hast du nicht erkannt... wie kann man nur so blöd und kurzsichtig sei... etc. Selbst wenn diese Gedanken im Ansatz erscheinen, sind sie kraftlos geworden. Im Gegenteil, ihr temporäres Erscheinen macht mir noch stärker bewusst als ohne dieselben, dass ich nichts tat. Das alles geschah und geschieht!

Wie sehr versklavt Menschen die Sorge! Wie zerwühlt Sorge dein Hirn! Dass du nicht (durch)zu schlafen vermagst. Dass du dich nicht zu konzentrieren vermagst! Dass du für andere ungenießbar wirst! Dass du dich kraftlos und saftlos fühlst! Das Leben ist eine einzige Last, die du am liebsten abwerfen würdest.

Das macht Sorge mit Menschen. Und der Grund ist einzig die Täuschung, man könne, wenn man nur richtig denke und richtig entscheide, die anvisierten bzw. erwünschten Ziele erreichen und unangenehme Situationen umschiffen. Welch ein Irrtum! Und dennoch bleibt die Wahrheit so unattraktiv für die meisten Menschen, dass sie sich lieber weiterhin (zer-) sorgen, als diese Schnapsidee aufzugeben!

Ich erinnere mich gut an meine letzte Reise nach Indien im Jahr 2004. Und auch ich fuhr damals über Land. Mit dem Zug und dem Bus. Da war ich allerdings schon bei Ramesh gewesen. Und daher erlebte ich diese Reise ähnlich wie du jetzt deine in Neuseeland. Es gab auch bei mir Situationen, die unbeherrschbar erschienen. In Indien ohnehin nichts Besonderes. Du stehst an einer Bushaltestelle und wartest auf einen Überlandbus, der nicht kommt. Du wartest eine halbe Stunde, es beginnt zu regnen. Nicht nur ein wenig, zu der Zeit war Monsun. Du spannst deinen Regenschirm auf und wirst trotzdem nass bis auf die Haut. Dein Bus kommt auch nach zwei Stunden des Wartens nicht. Du fragst jemand nach dem Grund. Er zuckt die Achseln und antwortet grinsend: *Manchmal kommt er gar nicht!*

Ich bin dermaßen deutsch strukturiert, dass ich so ein Verhalten noch nicht einmal nachvollziehen, geschweige denn akzeptieren kann. Nun aber konnte ich nicht mehr nicht akzeptieren, dass ich insgesamt 3 Stunden im Regen stand, bis der Bus kam. Nicht das kein Ärger erschienen wäre, keine Ungeduld, kein Knurren, kein Kopfschütteln. All diese Reaktionen waren vorhanden. Dennoch wurde akzeptiert was geschah. Ohne mein Zutun. Ohne das ich mir sagen musste: Das ist determiniert! Mein Gehirn war nicht mehr in der Lage anders zu denken oder andere Signale zu senden. Genauso wie es ist muss es sein. Wozu freilich auch die Ungeduld und der temporär auftauchende Ärger gehört, wenn er denn erscheint, was nicht sein muss, sehr wohl aber sein kann. Zermürbend ist die Unwissenheit, nicht temporär auftauchender Ärger. Es ist die Unwissenheit, dass dein Lebensfilm schon gedreht ist und jetzt lediglich abläuft.

Sag jetzt nicht: Wie langweilig! Das ist barer Unsinn. Oder gehst du nur deshalb nicht ins Kino, weil du weißt, dass der Film, der dir interessant erscheint, bereits von Anfang bis Ende gedreht und daher unveränderbar ist? Ist er deshalb etwa weniger spannend? Keineswegs! Meine Reise durch Indien war sogar ziemlich spannend.

Wir wissen ja in den meisten Fällen nicht die folgende Szene. Außer es ereignet sich gerade ein Déjà-vu, bei dem man ja oftmals nicht nur weiß, dass man das, was man gerade erlebt, schon erlebt hat, sondern auch weiß, was als nächstes geschehen wird. Wenn du alles, was sich in deiner Lebensspanne ereignen wird, schon wüsstest, müsstest du es nicht mehr erleben. Das aktuelle Erleben dessen, was schon auf der Filmrolle ist, ist es doch, was Leben im eigentlichen ausmacht.

Dieses Erleben ist jedoch ein von irreversiblem Frieden gekennzeichnetes, wenn Klärung erfolgte. Klärung und Klarheit bezüglich persönlicher Täterschaft. Dann erlebst du dich als gelenktes Schienenfahrzeug, nicht als zu lenkendes Auto.

Gurkensalat

Hi, ich komm gerade wieder von ner Nacht aus T. Etwas betrunken bin ich auch. ich hab immer wieder dieses Gefühl: Könnte es so für immer sein, dann wär ich glücklich. Aber es rinnt mir aus den Händen, ich werd älter, Dinge, Leute, Länder ändern sich und ich kann nicht lieben deshalb weil es vergänglich ist. Ich hab neulich schon geschrieben, leider keine Antwort... Ich hab so einen Drang nach Freiheit. Ich war früher so albern und gut gelaunt, manchmal blitzt es durch, aber ich leide schon sehr. Ich sollte wieder rausgehen... aber es zieht mich ins Bett...

Warum willst du unbedingt lieben?

Das ist so als würde eine Gurke sagen: ich will gurken!

Je mehr sie sich anstrengt zu gurken, desto absurder würde sie wirken.

Finde heraus ob du der Täter bist. Das empfehle ich dir. Denn du wirst zu der Einsicht gelangen MÜSSEN, dass da keiner ist, der denkt, entscheidet oder gar handelt.

Ich sagte: Find es heraus! Ich sagte nicht: Glaub dran! Glauben heißt: Nix wissen! Man kann davon überzeugt sein, dass der Täter Illusion ist, wirklich wirken tut das erst, wenn du es überprüfst und dabei feststellst, dass es keinen Zweifel daran geben kann.

Sobald das emotionale Gehirn davon überzeugt ist, wird es aufhören Signale in dein Wachbewusstsein zu senden, die durch Gewöhnung bereits fester Bestandteil deines Erlebens wurden: *Ich bin ein Loser, ich kann nicht lieben, ich werde abgewiesen, ich muss lernen zu lieben.* Dieser Stuss durchquert ständig dein Wachbewusstsein und das Ergebnis ist freilich Verzweiflung, Alkohol zur Betäubung des Schmerzes, um anschließend wieder mit den Versuchen zu lieben weiterzumachen.

Klar ist das ekelhaft!

Nicht die Liebe, sondern die bescheuerten Versuche zu lieben.

Ich mein das ernst mit dem Gurkenbeispiel. Was muss sie dazu tun, um eine Gurke zu sein, wenn sie doch eine ist? Sie würde, wenn sie es könnte, ebenso sauer werden wie du! Sie würde also von einer ganz normalen Salatgurke zu einer Essiggurke „entarten". Die Säuernis macht sie sich selbst, weil sie etwas zu werden versucht, was sie bereits ist.

Wenn wirklich klar ist: zwar gibt es Taten, die Annahme jedoch, dass sie eines Täters bedürfen, ist reine Gehirnakrobatik, fällst du in deinen natürlichen Zustand und bist damit raus aus dem Essig. Nach einer gewissen Zeit ist der Essig dann raus aus den Molekülen, er verdampft sozusagen und du wirst wieder genießbar.

Das Rezept dazu – wenn ich das mal so ausdrücken darf, obwohl ich mitnichten ein Arzt bin – ist die Überprüfung. Mach Ernst damit! Leg dich in die Riemen! Hör ganz auf lieben zu wollen! Vergiss es total! Ist für dich nicht dran. Es macht dich nur sauer und das immer mehr.

Alles ist nicht für alle.

Ich bin – nicht mehr, nicht weniger

Lieber Werner, nur kurz: die Lehre ist völlig klar. Kein freier Wille, alles das Eine, alles ein Spiel, niemand spielt. Je klarer ich sehe, desto weniger Freude habe ich aber am Leben. Ich hatte zwar noch nie besonders große Freude am Leben, nun aber nimmt sie noch mehr ab und ich frage mich: ist das denn normal? Ist das nur eine Phase, die vorbeigeht?

Resignation und Depression haben in der Wahrnehmung eines Desillusionierten keinen Raum. Gefühle, die wir als negativ empfinden, haben jedoch eine (über)lebenswichtige Funktion und sind daher nicht ausgeschlossen. Ist ihre Funktion jedoch beendet, melden sie sich ab. Sie haben also keinesfalls Dauer, will ich damit sagen.

Das gilt ebenso für jene Gefühle, die wir positiv nennen. Auch sie kommen und gehen. Was kontinuierlich bleibt (zumindest im Leben eines Desillusionierten) ist ein dem Leben zugewandtes Empfinden, in dem es kein Signal „prinzipiellen" Mangels mehr gibt.

Wenn du Hunger oder Durst hast (auch ein Mangel) ist freilich ein Signal vorhanden, das zur Aufnahme von Speise oder Trank führt und sich verstärkt, wenn das unmöglich ist. Dieses Signal wird übrigens bei jeder Art von Mangel ausgesandt, sonst könnte dieser Organismus nicht oder zumindest nicht angenehm überleben. Prinzipiell jedoch wird kein

Mangel empfunden und das gilt auch für Situationen, in denen ganz offensichtlich etwas fehlt.

Das existentielle Empfinden im natürlichen Zustand ist stets lebenszugewandt, was nicht bedeutet, dass ich mich stets in Gesellschaft befinde. Passiv bin ich jedoch nie. Selbst wenn ich nur auf der Couch sitze.

Lebenszugewandt zu sein bedeutet jedoch wiederum nicht, aktiv zu sein, also ständig etwas zu tun oder zumindest etwas zu denken. Ich bin weder aktiv noch passiv.

Aber ich bin! Nicht mehr und auch nicht weniger!

ICH BIN, das sind eben nicht nur zwei Worte. **Ich bin** ist ein dem Leben zugewandtes Empfinden, das jedoch nicht explizit gefühlt wird oder gar gefühlt werden will. Es ist lediglich eine Beschreibung des natürlichen Zustands und es wird nur aufgrund deiner Frage beschrieben.

Die Lehre verstehen bedeutet in diesem natürlichen ICH BIN (EMPFINDEN) zu SEIN, in dem kein prinzipieller Mangel empfunden werden KANN.

Was du offenbar gerade erlebst ist intellektuelles Verstehen der Lehre. Verachte es nicht, es ist zumeist der Beginn für tieferes Verstehen.

Ich bin gerade dabei einen meiner Romane zu redigieren. Ich schrieb diesen schon Mitte der achtziger Jahre. Verblüffend, wie klar ich damals schon bezüglich der Lehre war! Aber die Stimmung in diesem Roman ist eindeutig jene, in der sich nur Suchende befinden können. Bedrückend, selbstquälerisch, zwiespältig, von einer tiefen Sehnsucht geprägt.

Erst 20 Jahre später sollte sich wahres Verstehen ereignen, das eben daran erkannt wird, dass es zu einer Wesensänderung führt.

Zu erleben was du gerade erlebst ist kein Grund zu verzagen. Der Prozess läuft. Und er benötigt eben seine Zeit, obwohl man dieselbe nicht festlegen kann.

Meine Empfehlung: Kümmere dich nicht um den Prozess, kümmere dich schon gar nicht um dessen Ende. Genieße vielmehr den „Stoff", der ihn wie nichts anderes befördert.

Ich bin es

Seien Sie sich bewusst, dass alles, was geschieht, Ihnen geschieht, durch Sie geschieht, von Ihnen kommt, dass Sie der Schöpfer, Genießer und Zerstörer von allem sind, was Sie wahrnehmen und Sie werden keine Angst mehr haben.

Nisargadatta Maharaj, ICH BIN, Teil III

Wie – es kommt alles von mir? Dieser Mist auch? Von mir? Wie denn das?

Die Antwort ist nicht: *Das hast du dir selber verordnet, irgendwann in vergangener Ewigkeit oder bevor du auf die Erde kamst, (denn es gibt keine Zeit)*

Die Antwort ist auch nicht: *Du hast das einmal gedacht, du warst zumindest einmal oder mehrfach in dieser Stimmung, hast nichts gegen sie unternommen, sie nicht sofort transformiert und jetzt, tja jetzt hat es sich manifestiert!* (Wenn sich alles, was Menschen denken, manifestieren würde, kannst du dir vorstellen, wie das wäre: Fünf wollen die gleiche Frau. Wer kriegt sie? Nach dieser bekloppten Theorie: alle fünf) ☺

Was ist die Erklärung? Sie ist einfacher als du es dir vorstellen kannst. Die Antwort ist: Außer dir (als Gewahrsein) existiert keiner. Wer sollte also für das, was geschieht, verantwortlich sein?

Was du im Augenblick denkst oder fühlst über eine Situation ist womöglich getrübt durch den Glauben, ein anderer als du habe dir etwas angetan. Oder du hättest einem anderen etwas angetan, was du ihm gar nicht antun wolltest. Oder Gott hätte etwas nicht getan, was er hätte tun sollen. Oder das Schicksal hätte etwas nicht verhindert, was es hätte verhindern sollen.

All diese *Trübungen des Bewusstseins* entkräften, lähmen, paralysieren, ängstigen. Natürlich sind auch sie von dir selbst verursacht. Jedoch kannst du nicht erwarten, dass diese Trübungen der Klarheit weichen, bevor sich (dein) Bewusstsein klärt.

Daher arbeite ich nicht therapeutisch. Therapie versucht auf der Ebene zu glätten, auf der die Falten entstehen. Das funktioniert nur in den wenigsten Fällen und wenn, dann zumeist nur temporär.

Ich kläre (dein) Bewusstsein. Soweit ich es kann und soweit es sich klären lässt freilich. Denn in deiner Wahrnehmungswelt bist du der Chef, in deiner Wahrnehmungswelt gibt's nur dich, obgleich wir beide das eine (Bewusstsein) sind. Das ist nicht so schwer zu verstehen, wie man gemeinhin glauben mag. Die Tropfen eines Meeres sind, wenn sie denn tropfen, viele einzelne Tropfen, in Wahrheit jedoch niemals getrennt vom Ganzen.

Wie klärt sich Bewusstsein? Natürlich durch Überprüfung: Gibt es mich (als Denker, Entscheider, Täter) wirklich? Besonders jedoch durch den Genuss der absoluten Wahrheit. Ich empfehle: Schau auf die Wahrheit! Genieße die Wahrheit!

Das geht nur, wenn du die Täuschung links liegen lässt, ihr keine Beachtung mehr schenkst.

Ich hab Angst, soviel Angst, sie schnürt mir die Kehle zu! Natürlich, wenn du auf diese Täuschung guckst, kriegt sie Energie. Und sie kriegt noch mehr Energie, wenn du sagst: *Ich kann sie nicht links liegen lassen! Ich weiß nicht, ob das, was du mir mitteilst, die Wahrheit ist.*

Die Alternative ist, dass du weiter leidest! Nur du existierst. Also kann ich die Verantwortung nur für mich übernehmen. Nicht für dich, weil in deinem Erlebniskosmos nur du existierst.

Manch einer will die Erfahrung irreversiblen Friedens, bevor die Wahrheit Eingang findet bei ihm. Wie sollte das geschehen können? Erst die Wahrheit, dann Friede, denn Friede ist das Ergebnis des Einzugs der Wahrheit. Die Täuschungen werden beseitigt, wenn die Wahrheit einziehen kann. Ebenso wie die Finsternis dem Licht weicht. Du musst die Täuschungen nicht eine nach der anderen loswerden. Du brauchst dich nur für die Wahrheit öffnen und sie genießen.

Gestern Abend kurz vor dem Essen im Rahmen der Familie (7Personen) kam ein Sturzbach Wasser durch die Decke, tropfte dann wie ein Platzregen genau auf den Ofen, so dass Iris nicht weiter kochen konnte. Dann kam es zu einem Kurzschluss und der Strom war weg. Kein Licht im ganzen Haus.

Wer hatte das getan? Ich natürlich! In diesem Fall war ich auch als Mensch der Verursacher, weil ich im Bad in der Dusche am Abfluss etwas abgeschraubt und nicht mehr eingesetzt hatte, so dass das Wasser während des Duschens nicht ins Abflussrohr, sondern in den Deckenbereich floss. ☺ Aber selbst dann, wenn ich es nicht direkt verursacht hätte, wäre ich es gewesen, weil nur ich in Frage komme, denn außer mir existiert einfach nichts und niemand.

Bewusstsein ist alles was ist und du bist Bewusstsein! Bestimmt diese Wahrheit erst einmal deine Nervenbahnen, ist's vorbei mit den Trübungen deines Bewusstseins. Du bist dann einfach nicht mehr in der Lage, dir den Kopf darüber zu zerbrechen, ob du nicht hättest anders handeln sollen, ob der oder die nicht hätte anders handeln können oder weshalb du oder die nur so und nicht anders denken, entscheiden und handeln. Du magst es versuchen, doch mittendrin macht dir die Wahrheit einen Strich durch die Rechnung. ☹ Du schüttelst dann den Kopf über die verbliebene Konditionierung und die Trübung ist sofort weg.

Gestern Abend war es einfach zu dem Mist, der passiert war, zu stehen, denn es gab einen guten Grund, mich und einzig mich dafür verantwortlich zu machen. Sicher konnte ich auf meine beiden linken Hände zu verweisen und auf meinen mangelnden technischen Sachverstand, was ich gewohnheitsmäßig auch tat. Es gibt immer Gründe für den Mist, den wir bauen, nicht wahr? Aber raus aus der Nummer kam ich nicht. Und so tat ich, was Iris forderte, (denn schließlich war Heiliger Abend) ich kniete vor ihr nieder und tat den Schwur, nie mehr ein Werkzeug in die Hand zu nehmen, um im Haus etwas zu reparieren. Nun, dieser Schwur fiel mir nicht allzu schwer...

Du bist nicht nur der Schöpfer, nicht nur der Genießer all dessen, was dir geschieht, du bist ebenso auch der Zerstörer.

Ich kann mich nicht erinnern das verursacht zu haben!

Ich seh mich gerade um! Erblicke aber niemand außer mir! Also stell dich nicht an, sonders steh zu dem was passiert (ist)! Steh zum Genuss und steh zu der Zerstörung. Mach niemals andere (Mann, Frau, Freunde, Bekannte, Gegner, Feinde, Gott, Teufel, Schicksal, Wetter) verantwortlich für das was geschieht. Dann bleibt dir der Friede erhalten. Sonst nicht.

Ich geh hemmungslos auf den Strich

Hallo Werner,

schön, von dir zu hören.

Du schreibst in deinem letzten Newsletter:

„ ....Nahezu jeden Tag ein Text, der dein Gehirn von allen Täuschungen und hinderlichen Konditionierungen befreien kann. Der unorthodox, humorvoll und manchmal auch provokant und polemisch auf die absolute Wahrheit verweist. Der dich an das erinnert, was du wirklich bist. Nicht unbedingt besser, aber in jedem Fall anders als alles was du von (sogenannten) spirituellen Lehrern gewohnt bist!"

Das kann ich nur bestätigen!

Ok, was könnte ich sonst noch schreiben?

Vielleicht auf die Frage antworten: Wie läuft's so nach dem `Durch-Sein'?

Und antworten: Na ja, ganz ok, nach dem Durch ist vor dem Durch. Aber ob `Durch' oder nicht `Durch', wen kümmert's? Ich bin einfach total dankbar, dir und deinen Worten begegnet zu sein. Ja, das passte haargenau!

Es ist nicht so, dass jetzt alles FFE ist, ganz im Gegenteil, schließlich arbeite ich immer noch in der Industrie, und das kann einem schon ganz schön auf die Nerven gehen. Nicht wirklich ein schöner Job! Aber ohne den „Durchblick" wäre ich schon längst von dem, was du so treffend „Energiepakete" nennst, erschlagen worden.

Wundere mich manchmal, dass ich so viel Energie benöti-
ge, liegt wahrscheinlich daran, dass sich nun häufiger etwas
in meinem Leben blicken lässt, was ich bis dato kaum kann-
te, nämlich lange Weile. Hab ich wohl immer gut verdrän-
gen können mit all den vielen Aktivitäten (die allerdings
meist sehr anstrengend waren). Diese Sache mit den Ge-
wohnheiten hat's schon in sich, exzellent programmiert.

Wie auch immer, ich bin jedenfalls echt froh, dass ich alle
Zeit der Welt habe (schon immer hatte, immer haben werde),
dass es nie wirklich ein Problem geben kann (auch nie wirk-
lich eines gab und nie wirklich eines wird geben können),
dass ich nicht mehr hoffen muss, dass dieses oder jenes pas-
siert oder nicht passiert (weil Isolation und Tod, die grund-
sätzlichen Ängste, eh Märchen sind).

Niemand tut etwas! Ich bin immer wieder überrascht, wie
erfolgreich und mit welcher Intelligenz diese einfache Sache
aus dem Bewusstsein ferngehalten wird.

Nun bin ich doch etwas überrascht, wie viel sich wieder
geschrieben hat.

Mag es in dir für Inspiration sorgen oder einfach nur die
Wärme im Herzen spürbar werden lassen.

Wenigstens ab und zu **so ein** Feedback! Tut gut! Obwohl
ich nicht sagen kann, dass ich dabei Freude spüre und Trauer
oder Zorn, wenn ich zum x-ten Mal ein Feedback kriege, das
mir beweist, dass (noch) nichts, aber auch gar nichts verstanden wurde. Nun bin ich ja Mensch, ganz und gar übrigens, und ich müsste mich schon sehr verstellen, würde ich

schreiben, dass ich auf jedes Feedback identisch reagiere. Die Begriffe Freude und Zorn kann ich dennoch nicht verwenden.

Denn ich bin jenseits von Emotionen!

Sie werden erlebt, aber wie aus der Ferne. Wie von einem anderen Stern. Wie von einer Raumstation im All. Wie von ganz weit weg also. Sie erscheinen, haben aber mit mir nur insofern zu tun, als sie wahrgenommen werden. Manche kommen mir schon ein wenig näher, wie ein Meteor, der mich trifft und erschüttert, er erzeugt freilich eine gewisse Erregung... obgleich... ich erlebe manchmal auch, allerdings weniger im Kontext mit Feedback Zorn, den ich körperlich spüre, aber selbst dabei **bin ich** nicht zornig.

Das klingt abgefahren, nicht wahr? Es ist jedoch nur der Versuch der B*eschreibung*, was hier erfahren wird. (Eigentlich hasse ich diese Form der unpersönlichen Formulierung, wie sie bei Advaita-Kundigen Gang und Gäbe ist, aber in diesem Fall bleibt mir wirklich nichts anderes übrig)

Was auf und ab geht ist in meiner Wahrnehmung was (an Emotionen) erfahren wird oder erscheint. Was durchgängig gerade verläuft, ist, was ICH BIN.

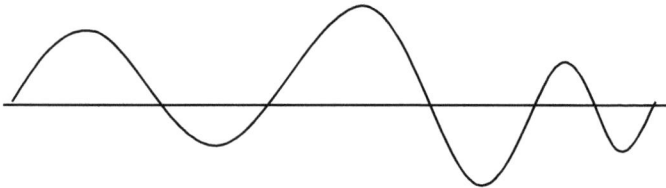

Es gibt in dem was **ich bin** verdammt noch mal keine Veränderung (mehr). Hat's freilich auch nie gegeben, aber es fiel mir nicht auf! ☺☐

Diese WAHRHEIT versuche ich zu vermitteln, denn ICH BIN, was du bist. Kein Blatt Papier passt (hinsichtlich unserer wahren Natur) zwischen uns. Nur dass die Möglichkeit besteht, dass deine (volle?) Aufmerksamkeit den Wellenbewegungen gilt.

Ich (jedoch) geh hemmungslos auf den Strich. ☺

Und ich kann dir nur empfehlen, das Gleiche zu tun. Deine Aufmerksamkeit gelte dem Strich, nicht der Welle!

Aber kann man das denn? Kann man seine Aufmerksamkeit auf den Strich **richten**? Freilich kann man das, aber nur kurzfristig eben. Um langfristig auf den Strich gehen zu können, muss man sozusagen von ihm „absorbiert" werden. Auf den Strich gehen wird dann sozusagen zur Sucht. Und oftmals beginnt sie mit dem Auf-den-Strich-Geh-Geist in diesen Texten. (Stimmt's?)

Peter ist ein KörperGeistOrganismus. in dem sich endgültiges Verstehen ereignet (hat). Schon ein paar Jahre her. Ich höre selten von ihm. Er genießt das Luxus-Leben des Desillusionierten. Und wie du aus Peters Zeilen zu erkennen vermagst, ist das nix Besonderes – hinsichtlich des alltäglichen Lebens. Es läuft wie gehabt.

Nur ohne Täter eben.

Das ist der Luxus. Denn damit sind Selbstanklagen perdü. Schuldzuweisung auch. Ebenso Stolz. Neid. Hypothetische Angst! Und irgendwann fehlt auch die Langeweile!

Ich hab nach der Dekonditionierung persönlicher Täterschaft auch eine lethargische Phase erlebt. Sie dauerte fast ein Jahr lang und lief danach erst langsam aus. Es schien, als würde ich der Welt und ihren Aktivitäten gänzlich entwöhnt. Und das fühlte sich manchmal so an, als ob Langeweile da wäre. In Wahrheit jedoch war es Lange Weile. ☺ Weil Zeit plötzlich nicht mehr wichtig war. Ewigkeit auch nicht. Dir fehlt einfach nichts. Und wenn nichts fehlt, ist das Gehirn *out of order*, denn es ist ja an Ziele, an Wünsche, an Motive, an Sehnsucht nach diesem und jenem gewöhnt.

Abgewöhnung ist immer ein hartes Ding. Egal von was. Nikotin, Alkohol, (Fr)essgewohnheiten, Lerninhalte, Arbeitsrhythmen, Beziehungen, Wohnorte, Fahrzeuge, thinking mind. Erst nach einer Weile bist du dekonditioniert. Dann allerdings geht dir das, was dir zuvor Mühe machte, leicht von der Hand.

Ich geh auf den Strich, egal wie die situativen und emotionalen Wellen kommen und gehen. Der Strich hat meine Aufmerksamkeit: Leben an sich.

Auf den Strich zu gehen ist mein Luxus-leben!

Für die meisten wäre das gar keins. Für sie ist der Luxus die nach oben wellende Welle. Ach diese wundervollen Gefühle! Ach mehr Geld in der Tasche! Ach die Traumfrau! Ach man anerkennt endlich mal meine Arbeit! Ach wieder mal guter Sex nach all den vielen Jahren, in denen wir im besten Fall kuschelten! ☺ Nicht, dass ich sie (die Wellen) verachte. Oh nein, es ist schon angenehm, wenn's rauf geht. Auf den Strich zu gehen aber ist ein geradezu unvergleichlicher Luxus. ☺🌑🔔

Ich wollte und will immer mehr

So bin ich veranlagt. Früher musste ich diese Veranlagung als *Sehnsucht* bezeichnen. Sie trieb mich, so dass ich ein Getriebener war. Sie ließ mich oftmals verzweifeln, wenn ich partout nicht erreichte, was mir vor Augen stand.

Das ist längst vorbei. Weil dieses Gehirn von dem aberwitzigen Glauben befreit ist, dass sich etwas ereignen könnte, was sich nicht ereignen soll und das sich etwas nicht ereignen könnte, was geschehen soll. Deshalb bin mit keinem Ereignis mehr *ernsthaft* im Clinch. In jedem Fall nicht mehr im Ring. Und so kann mich kein Schlag mehr treffen. Und ich teile keine Schläge mehr aus.

Meine Veranlagung aber hat sich nicht geändert. Ein Buch ist raus, da habe ich schon das nächste im Auge. Soundsoviele sind im Abo, da sehe ich doppelt so viele drin! Ich denke zwar kaum ans Reisen, aber wenn ich dran denke, fallen mir viele Länder ein, die ich Iris und Yannick noch zeigen möchte, ehe ich das Zeitliche segne. Denn ich selbst hab fast alle, die ich besuchen wollte, gesehen. China fehlt mir noch in der Sammlung, Neuseeland und Sibirien auch.

Die Veranlagung zum Mehr, zum Weiter, sie blieb. Der Unterschied liegt darin, dass mich Visionen und Ziele weder treiben, wenn ich sie noch nicht erreicht habe, noch verzweifeln lassen, wenn sie unerreicht bleiben. Und ich tue auch nix mehr, um ein Ziel zu erreichen. Das heißt: Es sieht schon so aus, als würde ich was tun. In meiner Wahrnehmung aber geschehen die Dinge ohne mich.

Ich hab nie ein Vorhaben! Das klingt widersprüchlich im Kontext mit dem, was ich vorhin sagte... wie soll ich es erklären...

Nehmen wir als Beispiel die Publikation des neuen Buches, diesen Roman „Der Gescheiterte", den ich schon Mitte der Achtziger schrieb. Der Gedanke ans Publizieren erschien, ein anderer danach: *Was soll das? So lange her! Du warst gar nicht durch, wem sollte das nützen?* Dennoch, irgendwann las ich rein. Konnte nicht mehr aufhören. Dachte anschließend: Das muss doch raus! Danach vergingen Wochen mit anderen Arbeiten. Ich vergaß meinen Vorsatz. Irgendwann kam er wieder. In einer Phase der Untätigkeit. Jetzt ist das Vorhaben druckreif. Albert schickte mir den fertigen PDF-Text nach einem längeren Gespräch, in dem es nur etwa 10 Minuten um den Roman ging. Er kann das einfach viel besser als ich und freut sich darüber an meinen Publikationen mit seinem Wissen und Fähigkeiten im Qualitätsmanagement beteiligt zu sein.

Das alles hat sich ergeben. So wie sich alles ergibt. Früher war mir das nur nicht bewusst. Denn vom Prinzip her war es nie anders. Ich meinte, ich wär's gewesen, der sich über die Ochsentour ins Management einer Weltfirma vorgearbeitet hat. Quatsch!

Wenn ich meine Karriere Revue passieren lasse, würde ich heute sagen: *Mehr Glück als Verstand!* Zum richtigen Zeitpunkt wurde das richtige Signal an den richtigen Menschen gesendet. Und wer konnte wissen, wann der richtige Zeitpunkt und wer der richtige Ansprechpartner war!

Was immer du erlebt hast, gerade erlebst und noch erleben wirst, läuft genauso. Gänzlich ohne dich! Es geschieht! Bitte glaub mir das nicht! Überprüfe es mit der nötigen Aufrichtigkeit! Und du wirst zu keinem anderen Ergebnis kommen können. Es ist der Kontext, es sind deine Gene, es ist Konditionierung. Diese drei Faktoren „machen" dein Schicksal.

Die so oft und viel in spirituellen Kreisen beschworene Transformation besteht allein in der Klarsicht dessen, was ich gerade beschrieb. Dann lässt du los, dann du bist im Frieden, dann machst du Wu Wei, ohne dich jemals mit der „Technik" oder „Kunst" beschäftigt zu haben.

Deine Energie sammelt sich, die Gedanken kommen zur Ruhe, du befindest dich stets in einem meditativen Zustand ohne zu meditieren. Du bist schlicht in deinem natürlichen Zustand, der ja nur überlagert, nicht etwa zerstört werden kann.

Noch einmal: Es ist nicht dein Ego, das verschwindet. Es ist der Schwindel im Ego, du wärst der Täter und der Gestalter deines Schicksals und womöglich auch des Schicksals der Anderen. Das ist noch eine Last mehr im Gepäck auf deiner Reise im Land der Illusionen.

Zum Ende ein gut zu diesem Text passendes Feedback:

Vor einer Stunde zog ich mir ein Video von Dir auf Jetzt-TV rein. Dann passierte folgendes: Ein Impuls empfahl mir zu meditieren, was ich auch tat. Oder zumindest versuchte, denn jede Menge Ablenkung war da. Eigentlich geht das prima, aber da ich ein Medi-Päuschen eingelegt habe wohl schwieriger. Na ja, jedenfalls kam am Ende ein Impuls der mich führte, zur Überprüfung wer der Täter sei. Das ging so weit, dass ich am Ende eine Art Übergangsempfinden hatte, womit es mir gelang, unmittelbar nach jeder Handlung zu sehen/spüren das ich null entscheide, Nada, einen Dreck entscheide ich. Das hört jetzt noch nicht auf während ich Dir schreibe. Es fühlt sich an wie eine perfekt ausgerüstete Spielerfigur die alles hat um zu überleben.

Information wird zur Aktion

70	14	164	122	25	153	18	167
10	64	100	12	149	30	161	11
33	1	160	163	77	156	168	11
36	114	8	35	111	39	137	44
105	150	57	71	117	52	132	130
165	152	112	15	147	27	73	102
7	81	131	37	21	125	49	115
142	106	40	69	43	140	23	89
99	68	86	139	120	92	143	83
85	45	90	158	82	123	78	58
145	97	6	121	56	67	63	16

Schon Mozart hatte mit dieser Zahlentafel[3] gespielt, und Cage hätte wahrscheinlich seinen Spaß gehabt, Mozart dabei zuzuschauen. Ende der sechziger Jahre benutzte John Cage Mozarts Vorlage als Basis für seine zufallsgesteuerte Komposition "Harpsichord" für 1-7 Cembali und 1-52 computergenerierte Tonbänder, und Mozart hätte wahrscheinlich ebenfalls seinen Spaß gehabt, Cage dabei zuzuschauen.

Könnten wir in die subtilen und subtilsten Ebenen der sogenannten Materie eindringen, würden wir nur noch Zahlen bzw. Zahlenkombinationen erkennen, die in ihrer Anzahl ebenso unendlich wie die Unendlichkeit selbst sind. Daher hat jeder Mensch ein anderes Gesicht, es sei denn, es handelte sich um eineiige Zwillinge, deren Aussehen der gleichen genetischen Information zugrunde liegt, was das hier angezeigte Prinzip bestätigt.

Wird eine *sogenannte* Krankheit geheilt, werden im Grunde genommen Zahlenkombinationen modifiziert. Ebenso wie die sogenannte Krankheit durch eine solche bewirkt wird. Das ist der Grund, weshalb sowohl Operation und Chemie, als auch Homöopathie, Akupunktur und selbst Handauflegung wirksam bzw. heilsam sein können. Was jedoch in Wahrheit heilt ist Information. Das Herausschneiden eines defekten Organs ist freilich die brutalste Form um Information zu verändern, aber letztlich ist nicht die Entfernung des Organs, sondern die Löschung bzw. Modifikation von Information Grund für das Weiterleben eines Organismus.

---

[3] Quelle: http://www.beckmesser.de/themen/zahl.html

Information ist die Grundlage dessen, was wir wahrnehmen können. Ohne Information keine Aktion. Oder andersrum:

Alle Aktionen haben ihren Ursprung in der Information, die das Gehirn empfängt. Daher ist es so unendlich wichtig welche *Art der Information* unser Gehirn empfängt.

Verhalten wirksam und dauerhaft verändern zu wollen ohne die Information zu verändern, ist daher unmöglich. Obgleich natürlich auch verändertes Verhalten zu Informationsveränderung führen kann, die dann zu einem konditioniertem und daher unbewussten Verhalten führt. Fährst du ein Jahr lang jeden Tag eine andere Strecke als gewohnt, obgleich sie länger oder kurviger ist, gewöhnt sich das Gehirn dran und hält sie irgendwann für die optimale Strecke. Ohne drüber nachzudenken und nachdenken zu müssen, fährst du auf dieser Straße und nicht auf der, die kürzer oder weniger kurvig ist.

Weil sowohl Verhalten zur Informationsveränderung als auch Informationsveränderung zu anderem Verhalten führt, gibt es hinsichtlich der Dekonditionierung des hinterlistigen Eindrucks **Es ist nicht wie es sein soll** verschiedene Konzepte. Du kannst dich lieben, wenn du dich hasst und wenn du diese Gewohnheit ein Jahr lang beibehältst, wird dein Gehirn schließlich aufhören etwas anderes als Selbstliebe zu produzieren. Die Denkfabrik wird schlicht stillgelegt. Du kannst ebenso auch überprüfen, ob du der Handelnde bist und wenn du immer und immer wieder feststellst, dass dem de facto nicht so ist, wird es dem Gehirn äußerst schwer fallen, einen Entscheider oder Handelnden zu identifizieren. Und ist das der Fall, gibt es niemanden mehr, der gegen das, was jeweils ist, egal wie es ist, aufbegehrt, ja nicht einmal jemand, der gegen temporär vorhandenes Aufbegehren aufbegehrt. ☹☺✓

Die beiden Gesichter und der Haken hintendran – sozusagen eine *Symbol-Kombination* für die Akzeptanz beider Zustände – könnte man sicher auch in Zahlen bzw. einer Zahlenkombination ausdrücken. Und würden wir, wie zu Beginn erwähnt, in die subtilen Ebenen hinein sehen können, wie es bei mir heute Nacht kurzfristig der Fall war, wären nicht Formen, sondern nur noch Zahlen sichtbar. Das mag den einen oder anderen erschrecken. Mich belustigt dieser Gedanke.

Ich (als Menschenform) bin nur eine Zahlenkombination! Du freilich auch! Man könnte ebenso sagen: virtuelle Realität. Die IT-Freaks wissen genau worüber ich spreche, denn sie kennen das Dual-System bzw. Binärsystem in der Programmiersprache, das zur Darstellung von Zahlen nur zwei verschiedene Ziffern benutzt. Da ich schon in der Schule mit Mathematik auf Kriegsfuß stand, belasse ich es bei diesen grundsätzlichen Ausführungen.

Was mir wichtig ist, ist der Fakt, dass Information zur Aktion führt. Und wie wir aus Erfahrung wissen, führt Aktion zur (entsprechenden) Reaktion. Womit wir beim Resonanzgesetz angelangt wären. ☺☺☺ (Hätte ich im Programm einen Lachsack, würde ich ihn jetzt starten, damit du ihn nicht nur in der Phantasie sehen sondern auch hören kannst)

Es scheint als wäre ich gegen das Resonanzgesetz. Nein, wogegen ich mich lediglich wende, ist die naive und brutal töricht Auslegung desselben. *Denk positiv und du wirst nur positive Ereignisse anziehen!* Als würden wir wissen was positiv und negativ ist! Wenn dein reicher Onkel einen schweren Autounfall oder einen Schlaganfall hat und dabei umkommt, ist es dann positiv oder negativ, wenn du dann beim Notar hörst, dass er dir sein gesamtes Vermögen hinterließ? Um nur ein kleines Beispiel zu nennen.

Bin ich jedoch in Akzeptanz (was freilich auch für temporäre Nichtakzeptanz gilt) erlebe ich zweifelsfrei einen Kosmos, in dem sie sich spiegelt. Nicht indem ich nie mehr einen Unfall habe oder nie mehr krank werde oder immer genügend Geld auf dem Bankkonto habe oder jedes Auto kriege, das ich auf meinem Wunschzettel schreibe – nur diesen hanebüchenen Unsinn stelle ich an den Pranger. Aber Frieden wird sein, vor allem Frieden und eine Lösung wird schließlich offenbar werden, für alles, was nach einer solchen schreit.

Wie die jeweils aussieht steht in den Sternen. Manchmal kommt sie von außen, manchmal von innen. Aber sie kommt, wenn die Informationsebene die Zahlenkombination der Akzeptanz aufweist.

Akzeptanz – ich hab's oft gesagt, ist nichts was man „machen" kann. Akzeptanz ist das Ergebnis eines dekonditionierten Gehirns. Dekonditioniert von dem abnormen Eindruck, eine Situation müsse oder könne gar anders sein, als sie sich gerade darstellt, wenn man nur andere Voraussetzungen vorgefunden hätte. Dabei determiniert doch eine Situation die nächste. Und erkennt man dies, ist doch nur logisch, dass es keine geben kann, die diesem Prinzip nicht gehorcht. Es sei denn, logisch zu denken wäre nicht determiniert!

Keine Begrenzung, keine Erfahrung

Lieber Werner,

heute tauchte eine Frage auf. Zuerst war das eher ein Gefühl als eine Frage. Es geht um die Lillschen Kreise[4]. Ich finde das ein Super-Beispiel, doch trotzdem hat mich was dran gestört und daher das Gefühl. Zuerst wusste ich nicht was mich störte, doch dann fiel mir die Begrenzung auf und dass das, was geschieht, innerhalb der Grenze geschieht. Wie könnte man Grenzenlosigkeit auch anders darstellen?

Wieso innerhalb der Grenzen? Welche Grenzen hat denn ein geschlossener Kreis? Er hat nicht mal Anfang und Ende.

Er ist freilich nur eine Metapher. Denn wenn du nicht nur den Kreis siehst, sondern das, was in ihm und außerhalb von ihm erscheint, ist die Metapher im Wasser. ☺

Sieh nur auf den Kreis. Und sieh dann wie er sich verformt. Etwas anderes als Anfang- und endloses scheint zu erscheinen, ist aber nur eine Täuschung. Das Wahrgenommene (Verformung des Kreises) verändert sich, nicht die Wahrnehmung selbst. (Der Kreis hat auch während er sich verformt, weder Anfang noch Ende).

Gewahrsein ist alles was ist. Ist es sozusagen auf sich selbst geworfen, also auf das, WAS wahrnimmt, nimmt es NUR Erscheinungen wahr, veränderliche Formen, sich gegenüber

---

[4] http://www.ilill.de/escape.html

liegende Gesichter, Hände die greifen, Hände die umarmen, die streicheln, Fäuste, die sich bekämpfen. Wobei die Formen in ihrer Formbarkeit unerschöpflich sind. Sieh nur die Gesichter von Menschen. Keins gleicht dem anderen.

Gott oder Bewusstsein ist das alles und gleichzeitig nichts, weil die Formen nur Spielerei und augenscheinlich vergänglich sind. Gesichter kommen und gehen, das, was sie erscheinen und verschwinden lässt, bleibt.

Und nun kommt es natürlich entscheidend drauf an, womit sich identifiziert wird: mit dem was erscheint oder dem worin es erscheint. Übrigens kann ich mich sehr wohl mit einem oder auch zwei oder drei Gesichtern identifizieren, wenn mir bewusst ist, was ich wirklich bin. Es ist aus meiner Sicht vollständiger Stuss, wenn gelehrt wird, man solle sich nicht mit dem Körper identifizieren, nur weil man nicht der Körper sei. Dabei raus kommen nicht authentische Menschen mit nicht authentischen Leben. Künstliche Wesen, die selbst beim Lächeln künstlich wirken.

Andererseits – wer nicht weiß, dass sein Körper lediglich Ausdruck dessen ist, was er wirklich ist, hat nichts als den vergänglichen Körper und daher natürlicherweise Angst vor dem Tod. Denn er hat ja keine andere Wahl als zu glauben, mit dem Sterben des Körpers sterbe er. Das muss Angst erzeugen, weil wir als Gewahrsein unsterblich sind und keinen Tod kennen. Da sich Gewahrsein jedoch irrtümlich für das hält, was nur als Körper erscheint, wird das Wissen um die Unsterblichkeit erschüttert und erzeugt Angst. Diese Angst ist die Urangst und erzeugt alle anderen Ängste.

Wird der Glaube „Ich bin der Körper" jedoch als Täuschung erkannt, verschwindet die Mutter und mit ihr die Töchter aller Ängste. Gleichzeitig ist es gerade diese Gewissheit, die jeden Versuch mich vom Körper zu entidentifizieren vollkommen entbehrlich macht. Er wird das, was er ohnehin ist, nämlich ein Avatar, mit dem ich aus dem heraus, was ich wirklich bin, nämlich *nicht*, spielen kann. Es fühlt sich freilich so an, als wäre ich der Körper, denn wenn das nicht so wäre, wäre ich Zuschauer nur, wie auf meiner Couch, wenn ich einen Film sehe. Die Akteure da vorn haben nur insofern mit mir zu tun, als ich sie außerhalb von mir wahrnehmen kann. Freilich kann ich mich dennoch mit einem oder allen emotional identifizieren, körperlich aber ist dies unmöglich. Um das zu können, muss ich das Gefühl haben, selbst in einem zu stecken oder selbst ein Körper zu sein. Um es zu haben, bin ich ein Körper, obgleich ich natürlich keiner bin, nur so tue.

Bin ich dessen gewiss, wie gesagt, kann ich tun was ich will, bzw. das, was mir zu tun erlaubt ist. Hier wirkt das gleiche Prinzip: *ich meine* mich frei entscheiden zu können, bin aber in Wahrheit nur eine Marionette. Von dem Gefühl mich frei entscheiden zu können muss ich mich ebenso wenig entidentifizieren wie von dem Empfinden Körper zu sein. Es wäre ebenso „unheimlich" mich von dem Empfinden frei wählen zu können zu entidentifizieren wie von dem Empfinden der oder im Körper zu sein. Raus kommt eine besondere Art Zombie, den man spirituell oder gar erleuchtet nennt. Eigenartig unmenschliche Wesen, deren Sprache und deren Bewegung eher Marswesen als Erdenbürgern gleicht.

Ich könnte mich, wenn ich denn wollte, in einer Bar sinnlos betrinken und als einer der dort anwesenden Säufer gelten, ohne hernach *auch nur ein Jota Bewusstsein* dessen, was ich wirklich bin, verloren zu haben. Denn einmal zu sich selbst zurückgekehrtes Bewusstsein ist irreversibel und unabhängig von äußeren und auch emotionalen Zuständen. Dies ist wahre Freiheit und nicht jene Knechtschaft, die Menschen in ein bestimmtes spirituelles Verhalten drängt, um ihnen dann einzubläuen, dies sei die Freiheit, die sie ersehnten!

Nun, bei mir tauchte die Frage auf, was ist "hinter" der Grenze? Wenn sich Bewusstsein "als Form" wahrnimmt und Erfahrungen macht, dann "passiert" das innerhalb des jeweiligen Erlebniskosmos. Mehr geht nicht. Das ist ja schon eine gewisse Begrenzung. Und es stellt sich wieder die Frage: Ist da außerhalb, davor, dahinter noch was? Wenn "ich" da was sehen will, ist das immer irgendwie räumlich oder zeitlich begrenzt. Die Grenzenlosigkeit ist, wenn Räumlichkeit und Zeitlichkeit wegfallen?

Du hast dir selbst die Antwort gegeben. Ohne Raum, ohne Zeit keine Begrenzung, aber eben auch *keine Erfahrung*. Keine Körper, kein stahlblauer Himmel, keine Sonne, keine Sterne, kein Baum, kein Strauch, keine Blume, kein Grashalm. Natürlich auch keine Liebe (die zum Ausdruck kommt mein ich) und freilich auch kein Orgasmus. Nicht einmal die Wohltat einer Zigarette nach gutem Sex. Schon verständlich das *nichts alles* wird, oder?

Kurs im Scheitern

Kurse in Wundern gibt's und die Seminare, in denen man sich mit der Matrix verbinden- oder Quantenheilung lernt, boomen. Hast du schon jemals von einem *Kurs im Scheitern* gehört? Selbst ich nenne mein 1-Tages-Retreat „Luxus-Seminar"[5]. Der Mensch gibt sein Geld schließlich nicht dafür aus, um scheitern zu lernen! Das Leben aber gibt diesen Kurs! Natürlich nur ihren Lieblingen.

Hat das Leben denn Lieblinge? Klar! Das hat schon Paulus gewusst, als er schrieb: *Jakob habe ich geliebt, aber Esau habe ich gehasst!"* Womit er den recht unbekannten Propheten Maleachi zitierte. Dieser Vers wird nur in stabilem nondualen Bewusstsein verständlich. Denn wer ist es denn, der beide Figuren spielt, sowohl den Geliebten als auch den Gehassten? Niemand natürlich und niemand ist nicht-zwei.

Denn wen der Herr liebt, den züchtigt er; er schlägt mit der Rute jeden Sohn, den er gern hat. Haltet aus, wenn ihr gezüchtigt werdet. Gott behandelt euch wie Söhne. Denn wo ist ein Sohn, den sein Vater nicht züchtigt? Jede Züchtigung scheint zwar für den Augenblick nicht Freude zu bringen, sondern Schmerz; später aber schenkt sie denen, die durch diese Schule gegangen sind, als Frucht den Frieden und die Gerechtigkeit. Darum macht die erschlafften Hände wieder stark und die wankenden Knie wieder fest.

(Hebräerbrief, Kap. 12)

---

[5] Vormals, jetzt nicht mehr, vielleicht irgendwann wieder

Wer Erleuchtung anstrebt, kann nicht erwarten, dass ihn die Rute verschont. Er wird kräftig geschlagen. Der Vergleich mit einem Brot im Ofen bietet sich ebenso an. Knusprig und wohlschmeckend ist es nur dann, wenn es ordentlich heiß gemacht wird. Wer isst schon gern halbgares, teigiges Brot?

Also mein Leben war vom Scheitern gezeichnet! Ich wurde im Grunde schon ins Scheitern geboren. In einer Baracke, weil meine Eltern Flüchtlinge waren, meine Mutter kam aus Schlesien, mein Vater aus dem Sudetenland und das war wie das Pommernland abgebrannt. Auf 50 Quadratmetern lebten mein Vater, meine Mutter, meine Oma und ich von meinem vierten bis zu meinem neunten Lebensjahr. Auf unserem Briefkasten standen drei Namen, weil meine Eltern nicht heirateten und das war damals, in den fünfziger Jahren, schon an sich eine Schande. Meine geliebte Oma starb, als ich 9, mein Vater als ich 11 war. Mir 11 stand ich übrigens auch vor Gericht, weil meine Mama einen pädophilen Musiklehrer vor den Kadi brachte. Der hätte mir eigentlich Gitarre spielen beibringen sollte, hatte aber andere Vorlieben. Mit 15 kam ich ins Erziehungsheim, die waren damals wie ein Gefängnis, die Fenster waren entweder vergittert oder verschlossen. Man wurde wie Dreck behandelt bzw. misshandelt. 2 ½ Jahre war ich da und um schnell rauszukommen lernte ich (mit meinen beiden linken Händen) Schlosser und ging mit einem Werkstoff um, den ich hasste. Als ich es schließlich viele Jahre später geschafft hatte, Führungskraft in einem Weltunternehmen zu werden (ab 1987) ich hatte ein sicheres, gutes und hohes Gehalt, schasste man mich. Das war im Jahr 1994, ich war damals immerhin schon 45. Ich musste nochmal von vorne beginnen. Als Trainer. Selbständig. Kunden gewinnen. Kunden halten. Neue Kunden gewinnen. Möglichst halten.

Meine erste Ehe ging in die Brüche. Meine Ideale starben. Ich wurde aufgrund der *entsetzlichen* Sünde des Ehebruchs in der religiösen Gemeinschaft, der ich damals angehörte, exkommuniziert. 10 Jahre Aufbau von sozialen Kontakten waren von heute auf morgen im Arsch. Ich wurde nicht einmal mehr auf der Straße gegrüßt. Also ich hätte da noch einiges auf Lager, was den *Kurs im Scheitern* betrifft, will es aber bei diesen Schilderungen belassen. Sonst wirst du noch neidisch! ☺ Das muss ja nicht sein.

Ich fühle mich dennoch als Liebling Gottes! Denn wen er liebt, den züchtigt er eben. Wirst du gerade gezüchtigt? Frohlocke, Gott liebt dich! Ich weiß, das klingt albern, wenn's gerade sehr weh tut. Aber ich habe selbst das erlebt. Unter größten Schmerzen wusste ich mich geliebt.

Man kann ne Menge machen, um erleuchtet zu werden. Und ich hab vieles gemacht. Ich hatte auch darin keine Wahl. Aber das Schärfste auf diesem weglosen Weg ist zweifelsohne der *Kurs im Scheitern*. Scheitern führt in einen Bereich, den ich heute als die Spitze aller Bewusstseinsprozesse bezeichne. In der Schmiede des Scheiterns wird **stabiles non-duales Bewusstsein** geboren, die Metapher ist nicht sehr stimmig, aber ich hoffe dennoch, du weißt, was ich meine.✝

Nix wirst „du" los!

„Meine" Situation zeigt sich mir so, dass ich das Gefühl habe, dass gerade alle Traurigkeit, Wut, Angst und Einsamkeit hochkommt, die ich jahrelang unterdrückt habe. Ich möchte diesen Prozess wenn irgend möglich beschleunigen, damit ich mich wieder tatkräftiger um eine konstruktive Lebensgestaltung in punkto Partnerschaft und Beruf kümmern kann. Weiterhin habe ich innerliche Zweifel und eine Zerrissenheit was ich wann tun soll, ich habe oft das Gefühl meine innere Stimme nicht stark genug zu hören wenn ich vor Entscheidungssituationen stehe. Zudem ist mir bewusst, dass sich insbesondere in meinen Partnerschaften immer wieder das gleiche Muster wiederholt. Ich werde in einer Partnerschaft emotional zu abhängig und bin mir der Liebe des anderen nicht sicher genug, was den anderen unter Druck setzt, so dass ich verlassen oder betrogen werde. Das weiß ich jetzt schon lange, das Muster wiederholt sich dennoch immer wieder. Also ich möchte es irgendwie schaffen

1) diese mir innewohnende Traurigkeit und Verletztheit schneller loszuwerden bzw. zu überwinden, so dass ich in Situationen in denen ich mich ungeliebt fühle, nicht mehr so schnell überreagiere

2) mehr Vertrauen in meine innere Stärke und Vertrauen in das Leben selbst aufzubauen, Vertrauen in das Leben selbst in dem Sinne, dass es dasselbe schon „gut" mit mir meint

3) meine innere Stimme besser zu hören und dadurch mehr Klarheit in mein Leben zu bekommen und meine Potentiale konstruktiver zu nutzen

4) mein destruktives Partnerschaftsmuster aufzulösen und es schaffen einen Partner zu finden, mit dem ich eine harmonische konstruktive Beziehung führen kann (wahrscheinlich kommt das von alleine wenn ich an den oberen Punkten "weiter" bin...)

Du weißt ja, für therapeutische Gespräche stehe ich nicht zur Verfügung, es ist schlicht nicht meine Funktion, oder anders gesagt, ich bin ebenso unfähig dazu wie zum Malen.

Die Wiederholung der Geschichte(n) verfestigt dieselben, lässt sie wahr erscheinen, macht sie zu etwas Realen, obgleich sie das wahrhaft nicht sind. Ich halte daher überhaupt nichts von dieser Art Therapie. Die Leute gehen wöchentlich zu ihrem Therapeuten, reden die Dinge in die Wirklichkeit und wundern sich dann, weshalb sie nicht aufhören Wirklichkeit zu sein.

Dass du meinst nicht verinnerlicht zu haben, dass kein Täter existiert, hat nur einen Grund: du willst ihn gar nicht loswerden! Überprüfe meine Aussage! Glaub mir nicht einfach! Und verwirf sie ebenso wenig! Der Täter ist nämlich der Garant dafür, dass „deine Geschichte" weitergeht.

Ohne Geschichten zu leben hört sich richtig gut an, verweist jedoch auf deinen Tod. Der Tod dessen, der meint, er könne seine Realität gestalten. Und deine Worte bestätigen, dass du das noch immer glaubst.

Was du alles loswerden willst! Du wirst es aber nicht los, wenn du es loswerden willst. Je mehr du es los haben willst, desto mehr klebst du fest. Ist das etwa (m)eine Behauptung? Überprüfe die Aussage wiederum auf ihren Wahrheitsgehalt.

Du willst nicht einmal das Leiden loswerden! Es ist nämlich immer noch besser, als deine Geschichte als Illusion, als Popanz, als Zauberei zu durchschauen. Als Film, der auf der Leinwand erscheint. Überprüfe auch diese Aussage.

Ich will dieses Muster loswerden! Genau dadurch, dass du es loshaben willst, wird es zu Stahlbeton!

Du liebst dich – wofür? Um all das loszuwerden, was dich beschwert! Oder etwa nicht? Dabei brauchst du nur den loszuwerden, der all das verursacht: den Täter. Und selbst der ist nur deshalb noch da, weil er für real gehalten wird. Denn in Wahrheit existiert nur die Illusion eines Täters.

Du sagst: Ich hab das erkannt, nur nicht verinnerlicht! Das ist – mit Verlaub – Blödsinn! Wenn du erkannt hast wo die Autos herkommen, gehst du nicht über die Straße. Es sei denn du willst Selbstmord begehen. Ist der Täter als die wahre Ursache deiner Leiden erkannt, wirst du weder dir selbst noch anderen Schuld zuweisen können. Und zwar egal was geschehen ist. Du wirst vielmehr das, was ist und wie es im Augenblick ist, akzeptieren. Nicht weil du es akzeptieren oder gar lieben willst, sondern weil du erkannt hast, dass es nur Geschehnisse gibt.

Praktische Tipps kann ich und will ich dir nicht geben. Unnötig, wenn die Wahrheit in dich eindringen kann. Daher find ich es gut, dass du täglich die Texte in dich eindringen lässt, weil sie auf die Wahrheit verweisen. Und nur die Wahrheit macht frei. Therapeuten hingegen stärken die Illusionen. Man könnte ebenso sagen: die Geschichten.

Ich höre nicht auf meine innere Stimme! Ich behaupte: Du kannst weder auf deine innere Stimme hören noch nicht auf sie hören. Du hörst und tust überhaupt nichts, egal was du hörst oder tust. Das ist die Wahrheit, die frei macht. Das Bemühen auf deine innere Stimme zu hören, versklavt dich einmal mehr.

Wenn du so willst ist das, was ich hier schrieb (und täglich schreibe), „mein therapeutischer Ansatz". Einen anderen habe ich nicht und einen anderen kann ich dir daher auch nicht empfehlen, denn könnte ich ihn empfehlen, würde ich ja ihn und keinen anderen empfehlen. ☺

Objektlos liebend

Seit ungefähr 2Jjahren schaue ich deine Videos, kenne fast alle deine Bücher und lese deine Texte mit Begeisterung. Ich verstehe immer mehr, was du sagst, warum komme ich aber von diesem (meinem) Mann nicht los, wenn ich doch keine andere Wahl hatte, als ihn zu verlassen.

Du wirst nicht fähig sein, dich über deine jetzige Schwingungsebene zu erheben, um dort zu bleiben, solange du deinen Jetztzustand nicht liebst.

Tad Golas

Da hat er Recht! Ohne Liebe für das was ist, gibt's keinen Fortschritt. Hörst du das, strengst du dich freilich an. In diesem Fall: um zu lieben! Ach du liebe Zeit! Überleg mal: Anstrengen um sich zu lieben! Ein Widerspruch in sich selbst.

Jemand fragte kürzlich (sinngemäß): Warum sich lieben, wenn man sich hasst? Wäre es nicht einfacher zu sagen: Es ist okay wie es ist?

Beides sind nur Konzepte, um sich am Ende weder das eine noch das andere sagen zu müssen. Im natürlichen Zustand brauchst du dir nix mehr sagen. Du liebst einfach. Du kannst nix dagegen tun.

Liebe brennt. Daran kannst du sie erkennen. Sie brennt in dir. Für gar nix. Wirklich! Für nix. Sie brennt, weil sie brennt. Punkt.

Das ist nur zu erkennen. Was soll man dafür tun müssen? Du hörst es und spürst es: Ja, es brennt (in mir) irgendwas brennt. Das muss wohl Liebe sein.

Bei mir brennt es nicht!

Sei dankbar, denn dieses Feuer ist unauslöschlich.

Es brennt auch in dir, nur nicht lichterloh. Es hat dich noch nicht erfasst. Erfasst es dich, ist verbrennt auch der Mann, bzw. die Vorstellung, dass du ohne ihn nicht leben kannst. Weil du spürst: *Das ist es, wofür ich brenne, nicht für ihn, ich glaubte nur für ihn zu brennen, das war die Täuschung. Ich war so sehr dran gewöhnt, ihn als Objekt meiner Liebe zu sehen, dass ich sie stets mit ihm in Verbindung brachte, jetzt ist mir klar, dass ich liebe, weil ich Liebe bin.*

Also jetzt hab ich natürlich etwas übertrieben. Dein Mann wird dir nicht gänzlich egal sein. Aber dein Fokus verschiebt sich. Er verschiebt sich so sehr, dass du manchmal wirklich lachen wirst über deine Fixierung auf ihn, obwohl du womöglich gleichzeitig weinst!

Nur die, die es erleb(t)en, wissen, dass der gerade notdürftig beschriebene Zustand nix mit Schizophrenie zu tun hat…

Wenn du ein objektlos Liebender wirst – und dazu kannst du dich nicht einfach entscheiden, es überkommt dich, wenn es dir vorherbestimmt ist, auch wenn's einen äußeren Anlass dafür zu geben scheint, bist du raus aus der Welt, wie du sie bisher kennst. Wirklich! Du wirst über sie erhoben. Du bist damit da, wo du immer bist. Nicht drin oder besser: Außerhalb mittendrin! Nichts ist mehr so wie es war, obwohl sich nix ändert. Und du verstehst jetzt, dass man diesen Zustand nicht anders als so paradox beschrieben kann.

Ohne Liebe für deinen Jetztzustand ist es unmöglich erhoben zu werden. Es ist einfach nur wichtig dies zu erkennen. Hier ist der Ansatz. Das muss geschehen. Wie, das überlass Gott oder wem-auch-immer. Lauf nur nicht woanders hin, denn dort ist nichts, was dich unabhängig machen könnte. Nur die objektlose Liebe kann dich von der objekthaften befreien.

Sägespäne

Lieber Werner,

aus Berlin (vom Seminar)zurück bin ich irgendwie ziemlich desillusioniert zu Hause angekommen. Es gibt nichts Neues, was der Geist nicht schon gehört hätte von dir. Es wirkt alles langweilig und banal. Es ist das Kopfdenken, was diese Urteile fällt. Manchmal steht "mir" nichts anderes zur Verfügung. Und es fragt sich, was soll ich denn noch, wenn sich gar nichts tut? Wenn ich festhänge in dieser Falle? Und Werner wird mir nicht helfen.

Die Suche nach Gott hat bei mir in der Form stattgefunden, dass sie eine Suche nach Liebe ist (war). Und durch dich weiß ich glücklicherweise, dass es dasselbe ist. Nur meine Sackgassen waren dann auch noch diese langen Wege der Partnerschaftssuche (wie bei vielen Frauen!) und danach noch die zahlreichen spirituellen Wege und Sackgassen. Durch meinen jetzigen Ex-Partner kann ich sehen (und erfahren) wie die göttliche Liebe sich zeigt. Und das Dilemma ist dass ich dort (scheinbar) immer noch festhänge – zumindest teilweise.

Und die Erfahrung, dass ich selber Liebe bin, kommt zwar intellektuell rüber, aber nicht so dass ich es (er)leben kann.

Na gut, du sagst jetzt sicher, dann soll das so sein. Gott muss sich nicht in allen Menschen erinnern, das ist nicht notwendig. Auch wenn er ein bisschen leidet. Doch wozu bin ich dann hier bei dir gelandet?

Und wenn ich unmittelbar mit dir rede, dann verschwinden die Grenzen und ich bin gar nicht mehr in meinem Körper, sondern bin aufgelöst ohne Konturen irgendwie ganz und gar der Raum. Doch diese Erfahrung ist vorübergehend, nicht wirklich, eben flüchtig. Also bedeutet sie im Grund nichts.

Da ist dieses starke Verlangen, etwas tun zu wollen und eben etwas zu tun, was Sinn macht, was zu einem Ergebnis führt, obwohl ich von dir weiß, das alles gibt es nicht. Es ist alles sinnlos.

Dann wieder die Suche auf der sozialen Ebene, die in gewisser Weise kurzfristig befriedigt oder ablenkt, aber mich nicht zur Ruhe kommen lässt.

Schließlich kommen wieder "Merksätze" aus deinen Inspirationen, die jedoch nur wie PFLASTER auf die blutende Wunde geklebt werden.

...da es so ist, wie es einfach ist...

Du kannst so viele Merksätze in dein Gedächtnis rufen, dass nicht einmal mehr ein Atom mehr reinpasst – nichts wird passieren, solange du danach Ausschau hältst. Deine Erwartung hält dich in der Erwartung.

Du suchst nach einem Gefühl. Gott ist kein Gefühl. Gefühl ist Nebenprodukt, wenn sich Klarheit einstellt. Wird es aber gesucht, versteckt es sich, bleibt dir fern.

Du bist total falsch bei mir, wenn du suchst, was du suchst. Ich hab leider keine andere Wahl als dich vor den Kopf zu stoßen und wenn nicht einmal das dazu führen kann, dass sich deine innere Ausrichtung ändert, verlierst du bei mir nur kostbare Zeit. Besuche besser Mutter Mira und lass dich wortlos von ihr umarmen. Dann wirst du etwas spüren, das ich dir niemals zu geben vermag.

Ich frage mich was bzw. wie du zuhörst! Mit dem Geist jedenfalls nicht! Wie sonst sollte es möglich sein, dass Worte als banal gewertet werden und Langweile erzeugen, für die ich als Suchender zu Fuß mit dem Kreuz auf dem Buckel rund um die Welt marschiert wäre?

Es wird dir leicht fallen mich misszuverstehen, wenn du glaubst, mein Text fordere dich heraus, dich und deine Einstellung zu ändern. Aber wie könnte ich? Du denkst nur das, was Gott gedacht haben will – im Moment. Aber wer weiß schon, ob dieser Text genau dies nicht zu ändern vermag? Deinen Geist nicht weich zu machen vermag? Dich rausholt aus all deinem mit Advaita-Wissen wie mit trockenen Sägespänen ausgefüllten Verstand.

Weshalb Sägespäne? Weil der Verstand die Wahrheit nicht aufnimmt, sondern zersägt. Nicht nur zu Kleinholz verarbeitet, sondern zerteilt, zerspant, zerbröselt.

Wenn dich nicht die Wahrheit zu erfassen vermag, bist du chancenlos für das letztgültige Verstehen. Die absolute Wahrheit ist ein Luxusgut, das verschenkt wird, nicht etwa erworben. Und Gott verschenkt sich an wen immer er will. Er wählt aus und nicht du. Du bist nichts, er ist alles. Wenn du verstehst was ich meine.

Dein Feedback macht mich sprachlos. Und das kommt selten vor! Was suchst du nur, frage ich mich. Die Wahrheit zweifelsfrei nicht. Du suchst Liebe, jedoch sicherlich nicht die un-bedingte. Nicht die, die du selber bist. Sonst wärst du schon längst bei dir.

Es ist keine Frage der Zeit…

Und noch einmal: Es liegt mir nichts ferner als dich zu verdammen. Wie könnte ich? Du denkst nur, was Gott gedacht haben will. Ich jedoch ebenso. Du schreibst nur, was Gott geschrieben haben will. Ich ebenso. Wie sehr wünschte ich mir, dass sich dein Herz für das kostbarste Gut auf Erden auftun könnte! Nicht für mich als Mann. Vergiss den Mann, den du siehst oder/und spürst! Darin werde ich dich stets desillusionieren und übrig bleibt freilich nur Banalität und Langeweile.

Möge sich dein Herz auftun für mich als der Wahrheit. Für mich als dem einen und einzigen Selbst. Für mich als den Gott, der du selber bist! Dann würden sich genau die Gefühle einstellen, die du erwartest.

Zuletzt: Zwar ist alles sinnlos, ein Spiel hat einfach keinen anderen Sinn als es zu spielen, wenn es jedoch nicht einmal den hat, wozu überhaupt noch existieren? Der Fakt, dass mein Leben sinnlos ist, entmutigt mich nicht! Im Gegenteil: Es ermutigt mich, ihm genau den Sinn zu geben, dem ich ihm geben will! Daher kann ich dir nur empfehlen, etwas „Sinnvolles" zu tun. Nicht weil es sinnvoll wäre, sondern weil es dich davor rettet, im eigenen Saft zu schmoren. Und wenn du, wie wir es im Seminar übten, irgendwas Außergewöhnliches tust. Geh in ein Hospiz und begleite Sterbende auf ihrem Weg ins Licht. Oder nimm Schaufel und Besen und befreie die Gehwege von Hundekot. Oder gehe in stark frequentierte Läden und beglücke die Menschen mit einem Gedicht. Oder, oder, oder… Es spielt keine Rolle. Aber du wärst beschäftigt. Müßiggang ist aller Laster Anfang. Und das schlimmste Laster von allen ist die spirituelle Suche.

Schachspiel

Der Bauer zieht nur nach vorn und zwar um ein Feld. Der Turm kann so viele Felder als möglich vorwärts oder rückwärts, senkrecht und waagerecht, nicht diagonal, das darf nur der Läufer. Die Dame darf alles, nur nicht was das Pferd bzw. der Reiter darf, zwei nach vorn oder hinten und eins nach rechts oder links. Der König hingegen darf in jede Richtung, allerdings nur um ein einziges Feld.

So sind die Spielregeln. Beim Schach. Nicht bei Mühle oder bei Dame. Da sind sie wieder anders.

Beim Menschenspiel übrigens auch.

Wer die Regeln nicht kennt, stellt Fragen, die nicht beantwortet werden (können). Das wäre ebenso als fragte ich beim Schach: *Wieso kann der Bauer nicht wie das Pferd springen? Oder wie die Dame in jede Richtung ziehen, egal wie viele Felder?*

Wieso ist es so wie es ist in meinem (beschissenen) Leben? Wieso komme ich nicht oder nur so langsam voran? Weshalb konnte der oder die schon immer so schnell und ungehemmt vorankommen? Und ich arme Sau, ich bleib offenbar immer hintendran. Warum ist mir und meinen Freunden nicht der gleiche Erfolg vergönnt wie den Schönen und Reichen?

Schon die Art der Frage beweist, dass du dich außerhalb der Spielregeln bewegst. Und wie bei jedem Spiel bist du daher disqualifiziert.

Du magst (hartnäckig) sagen: Dann ist das eben mein Schicksal!

Ganz recht! Sei nur weiterhin beleidigt und fühl dich vom Leben betrogen. Dem Leben ist das egal. Es kommt auch ohne dich aus. Figuren sind auswechselbar. Man kann neue anfertigen. Das Spiel ist nicht auf dich angewiesen.

Stell nur weiterhin deine Fragen: *Wieso ist es nur so wie es ist? Warum kann es nicht anders sein?* Dann stehst du halt nebendran weiterhin. Warum nicht? Es kommt nicht darauf an. Du bist nicht wichtig. Niemand ist wichtig. Das Leben benutzt dich, nicht du das Leben.

Spielregel Nr. 1 heißt: Liebe das Leben, denn das Leben ist Liebe und aus Liebe geboren. Es ist letztlich nichts anderes als ein Liebesspiel. Und wenn du anders über das Leben denkst, liegst du falsch. Und du darfst natürlich falsch liegen, denn Liebe zwingt dich zu nichts. Das ist je das Wesen der Liebe. Das du nicht gezwungen wirst das Menschenspiel nach seinen Regeln zu spielen. Nur darfst du dich eben nicht wundern, wenn du die rote Karte erhältst und am Spielrand zugucken darfst, wie sich andere am Spiel erfreuen, obgleich sie nicht die Rolle des Mittelstürmers, sondern nur des Linienrichter spielen, der die Fahne heben darf, wenn er ein Abseits sieht. Die Rolle kannst du dir nicht aussuchen, sie ist determiniert. Wenn du nicht so talentiert bist wie es früher Günter Netzer war und heute Thomas Müller ist, dann wirst du eben nicht im Mittelpunkt des Interesses stehen. Ich habe noch nie in einer Zeitung den Namen des Linienrichters gelesen. Liebt der aber seinen Job, braucht er ihn auch nicht zu lesen.

Manche meinen, ich könne da gar nicht mit reden. Ich hätte doch nur Privilegien. 12 Bücher geschrieben, Auftritte in Jetzt-TV, nen ganzen Arsch voller Leute, die mich nicht nur respektieren sondern sogar lieben. Soll ich mal beginnen dir meine Klagelieder zu singen? Ich könnte, wenn ich denn wollte. Stoff dafür gäbs genug!

Warum tu ich es nicht? Weil ich weiß was dabei raus kommt! Und weil ich mich an die Spielregeln halte! Weil ich nicht das geringste Interesse dran hab, außerhalb des Spielfelds am Spielrand zu stehen und mich selbst zu beweinen. Da lieb ich es weitaus mehr meine kleinen Brötchen zu backen. Und eben nicht wie der gute Eckart Tolle vor 3000 Leuten zu sprechen, von denen jeder an die 50 Euro berappt, um ihn hören zu können.

Wenn du zum Bauern determiniert bist, musst du eben in kleinen Schritten vorangehen. Es ist sinnlos neidisch auf den Reiter, den Turm oder die Dame zu schielen. Liebe es vielmehr ein Bauer zu sein. Liebe dein Leben so wie es ist. Dann kommst du auch voran. Anders nie. Denn ohne Liebe (zum Spiel) bist du disqualifiziert, mitzuspielen.

Schließlich gibt's auch kein Diesseits

Schönen Abend Werner!

Wenn ich irgendwann in der Quelle bin, interessiert mich gar nicht mehr was im Theater des Lebens passiert?

Du **bist** die Quelle, du kannst nur die Quelle sein, denn außer der Quelle existiert überhaupt nichts. Erinnere dich stets daran, wenn dir die Umstände klar machen wollen, dass du unmöglich die Quelle sein kannst. Denk nur – selbst der Papst ist die Quelle und das erscheint doch, ohne dass man durch-blickt, beinahe unmöglich, oder? ☺

Was das Theater betrifft: Wozu inszeniert man eines? Damit sich keiner Eintrittskarten besorgt und ihm fernbleibt etwa? Das wäre eine schöne Blamage für den Regisseur! Und die Kritiker hätten nix mehr zu schreiben, wenn sich keine Sau dafür interessiert. Die Modedesigner würden auch arbeitslos, wenn die Frauen nicht mehr in den Boutiquen auftauchen würden, um sich ihre Abendgarderobe zu kaufen. Und die Herren der Schöpfung könnten nicht mehr mit ihren drapierten, bis zum Skelett ausgehungerten Modepuppen angeben. Die Schauspieler hätten sich umsonst ganze Nächte um die Ohren geschlagen, um ihren Text auswendig zu lernen und vor dem Spiegel Mimik und Gestik zu üben. Außer sie hießen alle Marlon Brando, der trotz seiner Begabung (oder gerade wegen ihr?) so faul war, dass er die meisten seiner Texte am Set ablas. Schau das nächste Mal, wenn du dir den Film „Der Pate" reinziehst, (den Film muss man als Filmliebhaber einfach öfter als einmal sehen) genau hin, wenn er spricht und du wirst bemerken, dass er immer wieder und öfter als normalerweise zur Seite guckt. Das wirkt ziemlich arrogant und passt zu seiner Rolle als Mafia-Boss und obwohl man ihn gerade hierfür bewundert, dient das Weggucken in Wahrheit seiner grenzenlosen Faulheit und darüber hinaus auch seinem Alkoholismus, denn so konnte er bereits besäuselt am Set erscheinen. Nicht so zu, dass es der Zuschauer merkt, jedoch besoffen genug, um den Text nuschelnd, wie es sich für einen italoamerikanischen Mafia-Boss gehört, ablesen und vortragen zu können.

Die Quelle liebt ihr von ihrem selbst inszeniertes Theater! Und das selbst dann, wenn sie in einem ihrer Akteure eine Rolle spielt, in der sie es verachtet, vor den anderen Schauspieler ausspuckt und sich als Einsiedler in einer Höhle in den Bergen verkriecht! Sie liebt es, selbst wenn sie sich in einem Akteur indigniert umbringt! Umbringen, töten, es handelt sich zumeist nur um Sekunden, dann ist der Spuk schon vorbei und der vermeintliche Akteur ist, was er immer war: Nur Bewusstsein! Nur Quelle, weil außer ihr nichts existiert.

Freilich sieht bewusst gewordene Quelle das Theater aus einem anderen Blickwinkel als unbewusst bleibende Quelle. Egal was passiert, selbst wenn der Akteur, mit dem sie sich spielt, gerade mal Schmerz empfindet, ist bewusst gewordene Quelle nicht in der Lage, den Theateraspekt, den Schein, die Illusion, die virtuelle Realität zu übersehen.

Ich betone es immer wieder: Quelle MUSS nicht zwingend bewusst werden, weil sie ja Quelle **ist** und niemals etwas anderes als Quelle sein kann! Wenn dir also das nächste Mal irgendein Arschloch begegnet, ein Blödmann, ein Ignorant, ein Volldepp, ein wie auch immer unterbelichteter Zeitgenosse eben, wisse, dass Quelle ihn VOLLKOMMEN spielt und deine Einstellung ihm gegenüber wird sich schlagartig ändern. Das ist ganz ähnlich wie sich deine Einstellung ändert, wenn du Menschen mit Down-Syndrom mit dem Bewusstsein begegnest, dass sich ein solches eben auf diese Weise ausdrückt. Du wirst sie sogar lieben, wenn du keine Angst vor ihnen hast und normal mit ihnen umgehst.

.... meine Mutter ist im Oktober gestorben, kann sie noch bei mir sein? Vielleicht mich... weiß ich was?

Deine Mutter war bereits Illusion, als sie noch lebte! Und dennoch hast du mit ihr geredet. Und sie hat dir Antwort gegeben. Ich sprach nahezu zwanzig Jahre täglich mehrere Male mit Jesus, obgleich der schon um die 2000 Jahre tot ist. Und selbst er, dieser mausetote Jesus also, antwortete auf meine Fragen, kommentierte meine Kommentare, trocknete meine Tränen, vergab mir meine (nicht getanen) Sünden. Wir sollten nicht dogmatisch sein, wenn wir die Wahrheit kennen: Das es kein Jenseits gibt. Schließlich gibt's auch kein Diesseits! ☺

Hab noch große Schwierigkeiten die Menschen nicht als Person zu sehen. Ich les dich schon seit einiger Zeit und trotzdem bin ich zu sehr bei den Menschen.

Streng dich nicht an, Menschen nicht als Personen zu sehen, denn das wird dir (hoffentlich) niemals gelingen. Du willst doch kein Fall für die Psychiatrie werden, oder? Du weißt doch was „Person" bedeutet: Persona = die Maske. Gott selbst ist drunter. Dass es dir schwerfällt Gott drunter zu sehen ist nur allzu verständlich! Aber es ist schlicht die Wahrheit. Und umso mehr sie in dich eindringt und deine kleinen grauen Zellen besetzt, desto weniger wird es dir überhaupt noch möglich sein, etwas anderes als die Wahrheit hinter der täuschenden Maske zu sehen. Sei geduldig mit dir. Schließlich wurde dein Gehirn bislang geschult, Menschen als Menschen zu sehen und nicht als Masken, hinter denen sich Gott selbst verbirgt.

Sei Gott!

Lebt so,

als ob Gott es nötig hätte,

durch euch zu leben -

und das hat er in Wahrheit auch.

Vers aus *Das Buch Mirdad*

Es geht überhaupt nicht darum etwas Bestimmtes zu tun oder zu vermeiden. Es geht überhaupt nicht um irgendein Tun. Es geht um (dieses) Bewusstsein: Ich bin Gott im Fleisch! Und das gilt nicht nur für mich. Es gilt für jedes Lebewesen, dem ich begegne. Nicht nur den „Auserwählten!" Also jenen, die solange nach Gott suchen in Schriften, bei Predigern, Gurus, in Tempeln, in Gebeten und Meditationen, bis er *sie* findet, bis er *sich* findet. Bis er schließlich sich selbst als die Essenz all dessen, was materiell ist, (wieder)erkennt.

Gott hat dich nötig um erscheinen zu können! Schau einmal mit dieser Einsicht in den Spiegel. Du wirst einen anderen sehen. Du wirst dich lieben so wie du bist. Und du wirst den anderen auch anders sehen.

Bist du erst einmal Gott, ist alles Gott. Bist du sterbliches Fleisch ist alles sterbliches Fleisch, das verdorben ist bzw. verdirbt.

Die Respektlosigkeit gegenüber dem Leben ist ein Ergebnis mangelnder Einsicht. Du weißt wenig über das Leben, wenn du nicht auf die Knie fällst und den Boden küsst! Du weißt wenig über die Liebe, wenn dich der Schmerz, den Menschen zum Ausdruck bringen, nicht zu Tränen rührt! Du weißt nichts über Gott, wenn du ihn nicht in jedem Lebewesen und sei es ein Hund, eine Sau oder ein Rind, als Essenz wahrzunehmen vermagst. Der Respekt schlägt sich nicht zwingend in der Entscheidung nieder zum Vegetarier zu werden, auch nicht in einer Geste der Dankbarkeit vor dem Verzehr, es ist eine Geisteshaltung, die weit über ein rituelles Verhalten hinausreicht.

Der Körper mag dich bei manchen Menschen abstoßen. Dagegen kannst du nix machen. Wenn du jedoch in deiner Göttlichkeit bist, siehst du unter Haut, Skelett und Eingeweiden Gott. Bei naturgemäß schönen, anziehenden Menschen wirkt diese Einsicht dergestalt, dass dich die Schönheit nicht derart zu blenden vermag, dass du dich bis hin zur Selbstverleugnung in der Form verlierst.

Deine Welt ist eine Wahrnehmungswelt. Wie du sie wahrnimmst, hat nix mit der Welt, sondern allein mit dir zu tun. Mit der Art, wie du (sie) wahrnimmst. Wie bewusst du bist.

Bemühe dich nicht wie Gott zu sein. Das geht schief. Bemühe dich nicht abstoßende Körperhüllen zu lieben. Das geht ebenso schief. Bemühe dich nicht um Respekt und Mitgefühl. Bringt alles nix.

Sei Gott, dann besitzt du all diese Attribute. Du bist nicht fähig ohne Respekt, ohne Mitgefühl, ohne Liebe zu sein, wenn du dich in deiner Göttlichkeit siehst.

Bewusstsein allein bestimmt das Verhalten. Ist mir bewusst, woher die Autos kommen, geh ich nicht über die Straße. Das muss ich nicht lernen. Dafür brauche ich kein Seminar zu besuchen. Es muss dir nur bewusst sein. Unbewusst bin ich absolut chancenlos. Unbewusst bin ich wie ein Blinder. Ich latsche über die Straße und werde erfasst, zu Boden geworfen, verletzt, vielleicht sogar getötet. Und vielleicht beklage ich mich anschließend sogar noch darüber, wie unaufmerksam der Fahrer war! Sollte ich noch leben.

Es ist wahr, ich bin zum Sterben bereit. Jederzeit! Das bedeutet jedoch nicht, dass Leben mir nichts bedeutet. Oder gar, dass ich es verachte. Wer das Leben verachtet, weiß nicht, wer er in Wahrheit ist. Das steht fest, egal was und wie viel er weiß.

Ich verachte das Papsttum und jeden anderen religiösen Firlefanz. Nichts könnte dümmer sein als die Religion! Jedoch achte ich die Energie, die Weisheit, die Kreativität, die dieses Spiel spielt. Die dieses Spiel am Laufen erhält.

Diethelm sagte gestern im Seminar, er hätte gern, dass wir den Begriff Gott nicht verwenden. Er sei zu behaftet mit der Vorstellung eines persönlichen Gottes. Ist das der Fall, sag lieber Quelle zu Gott, Totalität oder Niemand. Die Bezeichnung spielt keine wesentliche Rolle. Ich liebe den Begriff Gott, denn ich verbinde mit ihm längst nicht mehr die Vorstellung eines persönlichen Schöpfers oder Übervaters.

Am Ende ist mir zu schreiben: Lerne Gott in dir (besser) kennen. Wie weiß ich nicht. Am besten wäre, wenn du dich daran erinnern könntest, dass du Gott bist, nie etwas anderes warst und nie etwas anders sein wirst. Selbst zu dem Zeitpunkt, als du dich wie ein Arschloch verhieltest, warst du Gott. Wenn dir das bewusst wird, wirst du Respekt vor und Liebe zu dir selbst empfinden. Dir ist beinahe so, als wärst du jemand, der mit „Ihre Majestät" begrüßt werden sollte. Und die gleiche Begrüßung wird dir auf den Lippen liegen, wenn du jemand anderen begegnest.

SO liebe

Es gibt Dinge, die (dich) stören. Gib's zu. Es ist eine Art Schmalspurliebe, wenn du liebst, bevor du weißt was dich stört, was du hasst, was dir missfällt. Zunächst muss dir das, was dich stört, was du ablehnst und hasst, voll und ganz bewusst werden dürfen. Öffne dich dafür. Lehne nichts ab was anklopft, auch wenn es sich als schmutziger Bettler, als Dieb, Gauner, Bösewicht entpuppt.

Bevor es sich aber häuslich einrichtet, umarme es, liebe es, sei ihm nicht gram. Sei lieb zu ihm, auch wenn du (noch) nicht weißt warum überhaupt.

Seitdem ich denken kann, weiß ich nicht, weshalb ich putzen soll. Wenn es aber schmutzig ist in meiner Wohnung, mach ich es eben weg. Danach fühl ich mich besser.

So liebe!

Einfach weil es ohne Liebe so kalt ist. So trostlos. So dunkel. Es spielt keine Rolle ob du die Liebe spürst. Wenn du sie spürst, ist es nicht falsch. Wenn du sie aber nicht spürst, machst du nichts falsch.

Wenn du Blumen gießt, spürst du auch nicht (immer), dass du sie liebst. Und doch ist es Liebe. Es ist besser Blumen *gefühllos* zu gießen als gar nicht. ☺

So liebe.

Wann immer etwas auftaucht, das du nicht lieben kannst, sei ein Idiot, ein Narr, ein Rebell und liebe es trotzdem. Gerade dann. Besonders dann.

Du musst nicht in Liebe schwelgen. Das hält dein Nervensystem gar nicht aus. Orgasmen sind deshalb so kurz. ☺

Das Leben gibt dir täglich viele Möglichkeiten *in dieser Weise* zu lieben. Denk nicht dass du ein Ziel erreichst, wenn du liebst. Es ist lediglich eine (günstige + preiswerte) Lebensweise.

Andere kaufen ein, bis der Schuldenberg höher ist als der Mont Blanc, du aber liebst. Wenn möglich sieh in allem Absurden, Blöden, Boshaften, Zweifelhaften, Langweiligen, ja auch Ekelhaften nur eins: Gelegenheiten zu lieben. Gelegenheiten sind jedoch kein Muss. Du verpasst nichts, wenn du nicht liebst. Nur die Gelegenheit eben. ☺

Du musst überhaupt nichts. Schon gar nicht lieben. *Ach Gott, schon wieder zu lieben verpasst!* Lieb dich besser in deinem Nichtliebenmögen. Das ist viel effizienter als das zu lieben, was du eh nicht lieben kannst.

Übrigens: Was ich hier schreibe hat weder mit Erleuchtung noch mit Desillusionierung zu tun. Wenn du dabei dennoch erleuchtet bzw. desillusioniert wirst, sei mir bitte nicht böse.☺

Lieben, obwohl es keinen, ja nicht einmal den geringsten Grund dafür gibt, ist einfach nur effizienter, ökonomischer, energieeinsparender als im Nichtmögen deiner oder anderer Personen bzw. Situationen zu verharren.

Die meisten Menschen meinen, sie könnten nur lieben, wenn es einen Beweis dafür gibt, dass etwas liebenswert ist. Aber das ist ebenso nur ein Konzept wie das, auch und gerade das Nicht-Liebenswerte oder das Nichtliebenmögen zu lieben. Wer weiß schon, ob das, was du liebst, wirklich liebenswert ist. Es könnte Gift sein, das aussieht wie Sirup.

Weißt du denn wirklich, ob nicht das, was du *abträglich* nennst, das Beste ist, das du erfahren kannst? Das kannst du unmöglich wissen.

Und doch schon erlebt. Oder nicht? Verliebt in diesen wunderschönen Mann, der dich schließlich verließ, obgleich er dir ewige Treue versprach. Und den, den du links liegen ließest, obwohl er dich auf Händen getragen hätte, und der nun mit einer anderen verheiratet ist, weil er so treu ist, wenngleich auch nicht sonderlich schön. ☺

Wenn du, ohne dabei euphorisch werden zu müssen, nüchtern und sachlich ☺ zu lieben beginnst, was du hasst – wobei du nicht aufhören solltest, das, was du hasst, als hassenswert zu bezeichnen, weil du es sonst nur durchs Lieben verdrängst – wird sich etwas ereignen, das dir subjektiv als Beweis dient, dass es in Wahrheit Liebe ist, ohne es anderen beweisen zu können und auch nicht beweisen zu müssen. Es geht sogar so weit, dass du schließlich dich selbst als Liebe erkennst und in allem, was dir widerfährt, dir SELBST in deiner Liebe zu dir selbst begegnest. Du wirst die Liebe (zu dir) sogar in Ereignissen wahrnehmen, für die du dich schämst oder hasst. Dies scheint nur absurd, solange du dich der Erfahrung verweigerst. Verstehen wirst du nur dann, wenn du nüchtern und sachlich zu lieben beginnst, was du von Herzen hasst. ☙

Spiritueller Leerlauf

Halte dein Gewahrsein offen und sei dir bewusst, dass sich dein Übel in deinem Leben manifestiert hat, weil die Liebe gefehlt hat. Der wahre Feind, wenn es überhaupt einen gibt, liegt in dir selbst, in deinem Unvermögen, genug zu lieben.

Thaddäus Golas

Zunächst ist festzustellen, dass es hier nur sekundär um eine Handlungsanweisung geht. *Halte dein Gewahrsein offen und sei dir bewusst,* alles sonst sind Feststellungen, wobei wir natürlich (noch) nicht wissen, ob sie wirklich stimmen oder stimmig sind oder übereinstimmen mit dem was erfahren wird.

Zu Handlungsanweisungen ist grundsätzlich zu sagen, dass sie, um befolgt werden zu können, keines Handelnden bedürfen. Wenn dein Chef zu dir sagt: *Halten Sie bitte Ihre Augen offen. Schlafen können und sollten Sie zuhause und nachts,* so erging zwar eine Handlungsanweisung, die womöglich befolgt oder auch nicht befolgt wird, je nachdem, wie dein Gehirn reagiert. Manche Kinder gehorchen, andere nicht, wenn man ihnen sagt: *So geht das nicht! In Zukunft sitzt du beim Essen nicht unter dem Tisch! Und du frisst auch nicht mehr mit Hasso aus der Schale Hundefutter! Schließlich bist du kein Hund! Du bist ein Mensch!*

Ach so ist das, denkt Karlchen, und ihm wird bewusst, dass der Papa recht hat, weil er immer recht hat. Dies bewirkt eine Änderung seines Verhaltens, für das weder er noch der Papa was können.

Benno dagegen empfindet, dass zwischen ihm und Hasso nur ein Unterschied im Aussehen besteht: Er hat nicht vier Beine, kein Fell und auch keinen Schwanz zum Wedeln! Aber hingezogen fühlt er sich zu Hasso und seine Eltern, die den ganzen Tag saufen, rauchen, vor der Glotze hängen und ihn selbst dann anschreien, wenn es gar keinen Grund dafür gibt, gehen ihm am Arsch vorbei. Daher (fr)isst er weiterhin mit Hasso unter dem Tisch Hundefutter, und das selbst dann, wenn er eine Tracht Prügel für seinen Ungehorsam erhält.

Was nicht bewusst wird, wird nicht verändert. Im Umkehrschluss bedeutet das aber auch, dass all das, was bewusst wird, einer Veränderung zustrebt. Das bedarf keines Handelnden. Der wäre sogar, wenn er denn virtuell noch vorhanden wäre, nur störend dabei. Hier der Beweis:

Stell dir vor, ein Übel erschiene und dir würde bewusst, dass es nur erscheint, weil dir die Liebe gefehlt hat. Völlig unabhängig davon, ob das stimmt. Was geschähe?

Ist der eingebildete Handelnde noch vorhanden, wird sofort Schuld empfunden. *Ach, ich hätte mehr lieben sollen!* Unvermeidbar dann, diese Reaktion, WENN der Handelnde noch wie ein Maulwurf in deinem Bewusstsein virtuelle Haufen aufwerfen kann, die den hübschen, frisch gemähten Grasboden verunstalten. Ist er verschwunden, ist das unmöglich. Der Begriff Schuld ist aus deinem Vokabular gestrichen. Wie reagierst du in so einem Fall? Gar nicht rückwärtsgewandt. Aber dennoch erfolgt Korrektur. *Ach die*

Liebe. Ja, stimmt. Ich liebe nicht genug. Stimmt. Niemals. Und nie.

Weißt du was ich meine? Oder bist du so advaitaverblödet, dass du nur noch eindimensional zu denken vermagst? ☺

Ich tu nix, um mein nie-so-lieben-können-wie-geliebt-werden-sollte-um-kein-Übel-zu-erleben zu ändern, weil ich weiß, dass dabei ohnehin nichts rauskommt. Ich weiß es aus Erfahrung, weil ich es x-mal ausprobiert habe. All meine guten Vorsätze hat der graue Alltag stets gekillt. Also lass ich's. Bin mir aber dennoch meines Mangels bewusst.

Wieso hab ich nen Mangel? Werner, ich dachte, ich sei vollkommen, die Welt sei perfekt?

Nicht so, lieber Freund, nicht so bist du perfekt. Du bist perfekt, weil es keine Alternative zu dir und dem jeweiligen Ausdruck gibt. Du bist nicht perfekt, weil du nie was verkehrt machst.

Ich bin kein Perfektionist. Perfektionisten siehst du es an, und du spürst es: Die glauben immer alles richtig zu machen! Und selbst wenn sie vorgeführt kriegen, dass sie sich wie ein Arschloch benahmen, die kratzt das nicht, die glauben prinzipiell immer richtig zu liegen.

Ich bin mir meines *Arschlochaspekts* wohl bewusst, ich kenne die meisten meiner Defizite und Mängel, ich weiß auch, dass ich nie genug liebe. Punkt! Da steh (bzw. sitz) ich nun und bin mir dessen bewusst!

Und was macht das mit mir? Es korrigiert mich im Herzen ohne das ich was tue oder glaube tun zu müssen. Und was die Korrektur im Herzen dann in meinem Verhalten auslöst, ist mir zumeist auch erst bewusst, wenn's passiert ist.

Und **stimmt** *es denn nun, dass das Übel erscheint, weil mir die Liebe gefehlt hat?* Warum nicht? ☺ Aber wer um Himmels willen ist denn dafür verantwortlich? Etwa „ich"? Wenn doch eindeutig erwiesen ist, dass es keins gibt?

Ich hoffe mich verständlich machen zu können. Der Fakt, dass ich nicht genug lieben kann, bringt das Übel in mein Leben, der Fakt, dass ich nicht dafür verantwortlich bin, befreit mich von dem Eindruck, schuldig geworden zu sein. Zu wenig geliebt, dafür Übel. Niemand kann dafür, dennoch Fakt.

Ist denn nicht alles Schicksal? Gibt es denn nicht außerordentlich üble Menschen, denen es supergut geht? Gibt es denn nicht außerordentlich liebe Menschen, denen andauernd nur Übles widerfährt?

Natürlich gibt's das.

Nun versteh ich gar nix mehr!

Das lobe ich mir, denn gerade da beginnt Weisheit. Wenn du nix mehr weißt. Wenn du platt bist. Wenn dein Verstand still steht, zumindest für nen Moment sich sozusagen im Leerlauf befindet. Solange du glaubst oder glauben kannst: *Klar doch, hab ich verstanden,* verstehst du überhaupt nichts! Du bist dann wie der sechsjährige Yannick, der im Moment alles kann. Selbst Auto fahren kann er. Ich werde ihm natürlich aus psychologischen Gründen nicht sagen:

Nein, das kannst du (noch) nicht! Sonst prägt ihn das noch! Aber ans Steuer lass ich ihn trotzdem nicht.

Es spielt doch überhaupt keine Rolle, ob es stimmt, wenn Tad sagt: S*ei dir bewusst, dass sich dein Übel in deinem Leben manifestiert hat, weil die Liebe gefehlt hat!* Heilsam ist dieses Bewusstsein in jedem Fall. Allerdings nur, wenn klar ist, dass du nicht der Handelnde bist.

Transfer

Whatever you think you should do at any moment is precisely what God would want you to think and do.

Ramesh Balsekar

Welch ein Konzept! Kostbarst! Ein Schatz! Wenn dir Gott auch nur ein wenig sympathisch wäre – du müsstest ihn also nicht einmal *lieben* – müsste dich dieses Konzept ansprechen! Aber selbst dann, wenn du im besten Fall für dich selbst Sympathie aufbringen kannst, dürfte es dir Freude bereiten. Ich könnte jedenfalls nicht nachvollziehen, wenn du hierbei ne Schnute ziehen würdest.

Du schaust zurück auf die vielen Fehlgriffe in deinem Leben, die verpassten Chancen, die Ausreden, wenn man dich auf eine deiner Dummheiten hinwies, die Dokumente deines Versagens, all den Schwachsinn in deiner Erfahrung, die toten Zeiten, in denen nichts geschah, was dein Interesse geweckt hätte und auch sonst niemand hinter dem Ofen hervorlocken konnte, all die vielen unsinnigen Reden, die unzähligen energielosen Gedanken, die dein Gehirn wie Geister, die du nicht riefst, durchliefen, die blödsinnigen Worte, die deinem Munde entfuhren und natürlich, nicht zu vergessen, all jene (Un)Taten, die du lieber ungeschehen machen würdest oder für die du dich vielleicht sogar schämst, wenn sie Revue passieren dürfen vor deinem geistigen Auge.

Tad Golas *rät* uns, uns für all das zu lieben, was wir denken und tun und Ramesh Balsekar *verrät* uns, weshalb alles andere völlig blödsinnig wäre: *Was immer du denkst und tust, könnte nicht besser sein, weil Gott wollte und will, dass du genau das denkst und tust, was du denkst und tust, dachtest und tatest, denken und tun wirst!*

Tausende von Fehlern hab ich gemacht, aber nur deshalb, weil Gott es wollte! Ich wäre nicht fähig gewesen dazu, wenn Gott mich nicht dazu befähigt und bevollmächtigt hätte. Und: Er hat es nicht nur gewollt, er hat es sogar getan.

Kürzlich erst schrieb mir jemand: *ich habe eine Frage: wenn Gott Liebe ist, wieso gibt es so viel Leid und Ungerechtigkeit auf dieser Erde? Es bricht mir das Herz.*

Gott will, dass du diese Frage stellst. Das ist die Antwort. Das „allein" ist die Antwort. Nicht die einzig mögliche Antwort, aber sicher die beste. Und wenn du das siehst, wenn du das zu erkennen vermagst, stellt sich die Frage nicht mehr, weil es diesen *Transfer* gibt. Diesen *Transfer*, der in Wahrheit gar keiner ist, der sich nur so anfühlt, als wäre es einer.

Den Transfer vom Eindruck persönlicher Täterschaft hinein in die unpersönliche Quelle. Plötzlich gibt es kein Ego mehr, genauer gesagt, es gibt schon noch eins, aber du erkennst es nun als die Quelle, die sich als Ego maskiert. Es gibt schon noch Körper, es gibt schon noch Welt, es gibt auch noch Erfahrungen, angenehme und unangenehme, aber egal was wahrgenommen wird und passiert:

Gott ist es, nicht ich.

Gott will das, Gott tut das, Gott will das nicht und Gott tut das nicht. Es ist nicht mehr meine Verantwortung. Ob ich etwas kann oder nicht kann, Gott ist dafür zuständig, nicht ich. Ob ich etwas will oder nicht will, Gott will oder will nicht, sonst würde ich wollen bzw. nicht wollen, können oder nicht können, tun oder nicht tun !

Das ist kein religiöses Konzept. Das ist sogar alles andere als ein religiöses Konzept! Es ist vielmehr ein revolutionäres Konzept!

Einige Superspirituelle oder gar die Moralisten werden freilich die Hände über dem Kopf zusammenschlagen und mich beschwören, meinen Mund zu halten. Was, wenn das jemand praktiziert, der üble Anlagen hat? Der fühlt sich doch geradezu in ihnen bestätigt!

All diese Scheinweisen glauben noch an den freien Willen. Sie mögen dies zwar vehement verneinen, ihre Warnung jedoch ist der Beweis!

Niemand kann einfach tun, was er tun will. Niemand kann zu einem Handeln ermutigt werden, das nicht geschehen soll. Daher kann ich frei über den nichtfreien Willen sprechen. Schlicht weil ich tatsächlich nicht an ihn glaube.

Und ich empfehle: Probiere es aus! Wenn du mir (bzw. Ramesh Balsekar) nicht glaubst bzw. zu glauben vermagst. Tue einfach mal so, als wäre das, was du denkst, entscheidest und tust, genau das, was Gott will, dass du es denkst, entscheidest und tust. Geh doch dabei einmal an die äußersten Grenzen dessen, was du zu denken, zu entscheiden und zu tun vermagst! Und vergiss dabei nicht das Konzept, dass es Gott ist, der das genauso will, weil du es sonst nicht können könntest! Nicht drüber nachdenken, machen! Und schau dann bitte was dabei raus kommt.

Ich kann nicht mehr anders. Ich hab gar keine Wahl mehr. Selbst wenn ich also denken WOLLTE, „ich" habe etwas gesagt, entschieden oder getan, würde in meinem Inneren ein amüsantes Lächeln erscheinen und den Gedanken als dermaßen lächerlich erscheinen lassen, dass er seine Energie sofort verlöre.

Was geschieht, ist genau das, was geschehen soll! Vielleicht hast du es nicht so mit dem Begriff Gott. Das macht nix. Entscheidend ist klar zu sehen, dass es nie eine Alternative zu dem gibt, was gerade geschieht, geschah und geschehen wird.

Wenn es Gott ist, der das will, was du gerade denkst oder tust, kann selbst ein Zustand der Langeweile nicht wirklich langweilig sein! Ich hoffe du verstehst was ich meine. Und wenn du mich nicht dafür schiltst, dass ich mir (wieder einmal) widerspreche, würde ich in diesem Kontext sogar sagen wollen, dass alles, also auch die Langweile *Sinn macht*. Gott will das, was gerade geschieht oder nicht geschieht, sonst wäre das, was gerade ist, egal was es ist, völlig (ver)unmöglich(t)!

Weißt du nun, was ich mit dem Begriff Transfer andeuten möchte? Es bringt dich in das hinein, was du schon bist: Gott in seinem Menschsein. Und Menschsein ist nun mal genau das, was du erfährst, seit du als Mensch existierst!

Und als Mensch gibt's eben nicht nur Freude, Lachen, Glück und Erfolg, sondern auch Ärger, Ungeduld, Langeweile, Wünsche, die nicht erfüllt werden, Geschehnisse, die man gar nicht erwartet.

Der Transfer besteht nicht in der Ausblendung der dunklen Seite der Dualität, auch nicht in der vollständigen Akzeptanz derselben, sondern in der Gewissheit, dass Gott in allem ist, was geschieht. In ALLEM. Und nicht nur in MANCHEM.

Über alles und nichts

Ist es nicht erstaunlich? Ich meine, dass Nichts Alles ist. Und natürlich im Umkehrschluss alles nichts. Vorsicht: Sag jetzt nicht, das wäre nicht zu verstehen. Das könnte man nur behaupten oder „metaphysisch" erklären. Nein, es ist logisch.

Alles muss nichts sein, weil es sein Gegenstück ist. Wenn du alles sagst, ist (schon) nichts vorhanden. Wenn du nichts sagst, ist (auch) alles vorhanden. Eins ist ohne das andere undenkbar.

Was für einen Sinn macht Alles ohne Nichts? Selbst der Begriff wäre sinnlos. Noch schlimmer: er wäre nicht einmal denkbar. Denkbar ist er, der Begriff Alles, nur im Kontext mit Nichts.

(Der Begriff) Alles verweist somit auf das Nichts. Andersrum ebenso. Hätte das Alles einen Mund, würde es sagen: Schau mal da rüber! Und du sähest… nichts. ☺ Könnte das Nichts sich verbal bemerkbar machen, würde es auf Alles verweisen, denn ohne das wäre nichts nicht. ☺

So ist klar, dass beide siamesische Zwillinge sind. Untrennbar miteinander verbunden. Keins kann ohne das andere. Keins ist ohne das andere. So dass Nâgârjuna zwangsläufig zu dem Schluss kommen musste: *Leere ist Form und Form Leere.*

Das sind nicht nur zwei Hälften des Ganzen, genau besehen ist beides das Gleiche. Nichts ist Alles und alles ist nichts.

Und was nützt mir diese Feststellung in meiner Einsamkeit, Wut, Trauer, Resignation, Langeweile? Nichts und alles natürlich! ☹

Nichts, wenn du nicht (im) Alles bist. Alles, wenn du nicht gerade (im) Nichts bist.

Bei mir ist/wirkt das so: Wenn ich alles bin, weiß ich, dass alles nichts ist. Das lässt mich nie allzu euphorisch werden! Wenn gerade einmal nichts (passiert), weiß ich, dass alles drin ist im Nichts. Das lässt mich nie resignieren!

Das Nichts, über das ich hier referiere, ist nicht nur nichts, sondern gleichzeitig alles! So dass sich der Vergleich mit einem (unscheinbaren) Eichelsamen anbietet, in dem der ganze Eichbaum drin steckt mit Wurzelwerk, Stamm, Rinde, Ästen, Blättern und sogar der Zeit, die ihm bleibt, um ein Jahr nach dem anderen Blätter zu treiben und fallen zu lassen.

So bin ich nichts,

nicht so, als wäre da nichts, wo (nur) nichts erkennbar ist.

Selbst wenn ich nicht bin, bin ich daher alles.

Selbst wenn ich alles bin, bin ich daher nichts.

Über den absurden Versuch zu werden wie Gott

Alle ernsthaft spirituell Suchenden versuchen zu werden wie Gott. Das ist normal und völlig verständlich, ja sogar unabwendbar, solange du glaubst: Ich bin ein gefallener Mensch oder ein gefallener Engel, irgendwie gefallen jedenfalls, rein in den Dreck, in die weltliche Pfütze und jetzt bin ich unrein, schmuddelig, schmutzig. Oh je, wie schmutzig ich bin!

Ich weiß noch... ich war um die 19 Jahre....

Jedenfalls erlebte ich eine Nacht, die es in sich hatte. Das Mädel war ein Vulkan und schier unersättlich. Aber ich war nicht verheiratet mit ihr und bei uns Jesus-Freaks galt, dass Ficken (sorry, Geschlechtsverkehr haben) nur in der Ehe heilig sei! Unverständlicherweise, denn Lust bleibt schließlich Lust, mit oder ohne einen Ring am Finger. Jedenfalls war Sex vor der Ehe Sünde in diesen rückständigen Kreisen. Und zwar keine kleine, zu vernachlässigende. Und so war mein indoktriniertes Gewissen belastet. Muss man sich mal vorstellen: Nach so einer Wahnsinnsnacht!

Also rief ich am nächsten Tag eine *Schwester im Herrn* an und beichtete ihr unter Tränen von meiner ach so entsetzlichen Sünde. Und die Tränen waren echt. Das scheinheilige und missgünstige Luder hatte nix besseres zu tun, als den Vorfall vor die Brüder zu bringen. Das waren nach biblischem Vorbild die Ältesten jener Gemeinde. Die bestellten mich ein und machten mir mit ernsten Gesichtern und Sorgenfalten auf der Stirn klar, dass der Satan noch Anrechte an meine zwar gerettete, aber noch nicht gereinigte bzw. durch und durch geheiligte Seele hätte. (Dir gehört zwar ein Auto, aber solange es nicht durch die Waschanlage fuhr, ist es nicht würdig, um von seinem Käufer gefahren zu werden.)

Ich erspare euch weitere Einzelheiten der bescheuerten Prozedur, mit der meine Seele geheiligt werden sollte, was mich jedoch nicht davon abhielt wenig später mit der Frau eines der leitenden Brüder schlafen. Und die war noch viel heißer und zwar nicht zuletzt deshalb, weil sie von ihrem durch und durch geheiligten Mann sexuell übel vernachlässigt wurde.

Wer wie Gott zu werden versucht, verhält sich wie ein Schauspieler, der seine ihm verordnete Rolle über Bord wirft. Klar hat das Chaos zur Folge. Stell dir vor ein Schauspieler ist es leid dem Drehbuch zu folgen, weil er eine bestimmte Szene nicht mag und macht sein eigenes Ding!

Was ich gerade in „geheiligten" Kreisen an Chaos erlebte, übersteigt die Vorstellungskraft jener, die sich nicht kennen. Völlig klar, denn hier wird der absurde Versuch unternommen, die Grenzen zu überschreiten, die Gott sich im Menschenspiel selbst gesetzt hat.

Gott will Mensch sein, nicht Gott, sonst bliebe er unsichtbar, körperlos, immateriell, leer, reines Potenzial, formlos. Ist das nicht einleuchtend?

Spirituelle Suche ist unvermeidbar, wenn sie dich ergreift. Ihrem Zugriff kannst dich nicht entwinden. Das Such-Spiel beginnt. Rein in die spirituellen Lehren, die den Markt über-

schwemmen. Und schon bist du auf dem Trip in die Göttlichkeit. Du betest, du meditierst, früher nahm man LSD,
heute lernt man mentale und spirituelle Techniken, du
stopfst dich voll mit allen möglichen Lehren, um die Welt zu
transzendieren. Ne Zeitlang wirkt es, dann zieht dich die
Schwerkraft zurück auf den Boden, du fällst auf deinen hei-
ligen Arsch! Da fühlst du dich aber nicht (mehr) wohl, denn
du hast ja schon höchste Höhen erlebt, du warst in Ekstase,
verzückt, entrückt, nahezu raus aus dem Gefängnis aus
Fleisch, Muskeln, Blut und Knochen. Du warst im Äther, im
Astral oder gar im Kausalkörper. Hast mit den Engeln Flöte
gespielt und mit Moses, Jesus und Buddha zusammen Halleluja gesungen. Und jetzt sitzt du vor nem Pornoheftchen und
onanierst. Besäufst dich anschließend ins Koma, bist stern-
hagelblau. Oder wirfst deinem Mann vor, dass er dir nicht
wie früher das Frühstück ans Bett oder wenigstens jeden
Freitag deine Lieblingsblumen mitbringt. Oder du meditierst
und denkst nach ner halben Stunde: Ist doch vorn Arsch, ich
spür gar nix mehr!

Auf zum nächsten Seminar oder Satsang! Aufgepumpt mit
Energie kommst du heim, bis in die Haarspitzen angefüllt
mit Holy Spirit. Zuhause im Briefkasten findest du dann die
Kündigung deines Arbeitgebers und alles ist weg. Oder den
Abschiedsbrief deiner Frau, weil die dein spirituelles Gela-
ber nicht mehr aushält, schreibt sie, und sich nun anderweitig vergnügt. Du bist deprimiert und nichts und niemand
vermag dich zu trösten. Bis du irgendwann zumindest mal
beginnst zu begreifen, dass all diese spirituellen Erfahrungen
das genaue Gegenteil dessen sind, wofür du im Menschen-

spiel bist! Um aber das klar zu sehen, waren sie durchaus sinnvoll!

Denn du bist verdammt nochmal Gott, du musst es nicht werden! Gott ist Mensch geworden, weil er das Menschenspiel liebt. Die beißende Kälte im Winter, und wenn sich der Schnee gleich einer Decke aus Watte über das Land legt und alle Geräusche verstummen lässt. Im Frühling dann die Krokusse, die durch den Restschnee lugen. Der Geruch nach frischgeackerter Erde. Der Sommer, wenn du bei Sonne und Wind durch wogende Kornfelder streifst. Oder am rauschenden Meer im Sand liegst und über all die verschiedenen Körper staunst, die du – Gott – erfunden hast, entweder um an ihnen zu entbrennen oder dich köstlich über sie zu amüsieren. Du bist es, der sich in Kriege stürzt, zum Folterer wird und zum Gefolterten, zum Soldat und Verwundeten, zum Freund und zum Feind, zum Richter und Angeklagten, zum Vergewaltiger und Opfer, zum Lehrer und Schüler, zur Frau und zum Mann. Ja, selbst die Mühsal im Leben und all die Konflikte, die Spannung erzeugen und absolut notwendig sind, um nicht eingelullt vor dich hin zu sabbern, bis der Tod dich von einem derart langweiligen Leben erlöst, all das entspringt dir und ist dein ureigenes Spiel, das du zu *spielen gezwungen* bist, weil du es über alles liebst und gar nicht anders kannst, als es über alles zu lieben. Weil Gott Liebe ist.

Gott ist in allem drin, gleichgültig ob er in der Menschenform oben ist oder unten, selbst wenn er in dir (noch) nicht wissen sollte, worüber er in mir hier redet. Denn es ist seine Erfindung und es wird deine sein, wenn dir bewusst wird, dass du er bist, nie etwas anderes warst, nie etwas anderes sein kannst. Und zwar hier, jetzt, in dem was gerade ist. Es geht nur ums Erinnern, weil du ja tatsächlich Gott bist, nicht erst werden musst. Und dann genießt du das Leben. Nicht spektakulär, nicht extravagant. Nein, eher verborgen, leise, sanft, zurückgezogen, ohne spirituelles Theater. Das **menschliche** jedoch, nicht das göttliche Leben!

Über ein Missverständnis

Lieber Werner, bist du denn gegen Veränderung? Es kommt mir so vor. „Die Dinge sind wie sie nun einmal sind, wenn du das akzeptierst, hast du Frieden." Vielleicht, aber so einer hätte nie eine Erfindung gemacht, nie den Nobelpreis gewonnen. Oder verstehe ich dich nur falsch?

Ja und Nein. Nein, weil ich mich tatsächlich abhebe von der Schar derer, die Realitätsgestaltung in eigener Regie propagieren.

Nein, weil ich tatsächlich behaupte:

 Du bist und kannst überhaupt nichts!

Du bist ein Instrument des göttlichen Willens.

Dein Leben ist in jedem Detail determiniert.

Du kannst ihm nicht eine Elle zusetzen.

Daher akzeptiere dich und die Welt wie sie ist.

Dann hast du Frieden. Sonst nicht und niemals.

Denn du bist nicht im Einklang mit dem was Wirklichkeit ist!

Ja, weil du schief liegst, wenn du meinst, diese Einstellung verhindere Veränderung, blockiere Schaffenskraft, boykottiere Kreativität! Das Gegenteil ist der Fall! Erst dann, wenn du dich gänzlich der einen und einzigen Macht auf Erden ausgeliefert weißt, erst dann, wenn du nicht anders kannst als zu akzeptieren, dass du genauso bist wie du sein sollst und alles ist wie es sein soll, bist du in deiner Schaffenskraft nicht mehr blockiert und kannst wie nie zuvor du selbst und dementsprechend kreativ sein.

Ich lehre nicht „indischen" Fatalismus! Ich fordere dich vielmehr „germanisch" heraus, *tätig zu werden* und zu prüfen, ob es den individuellen Handelnden gibt. Wenn du herausfinden solltest, dass er Illusion ist, wirst du nicht zu einem Untätigen. Nein, du weißt nur, dass du, egal was du tust oder nicht tust, nie in eigener Regie handelst oder untätig bleibst. Du bist nicht (mehr) der Boss, weil du nun siehst, dass du noch nie der Boss warst. Und gerade deshalb kannst du tun was immer du tun willst. Stets bist du dir nämlich bewusst: Ich tu gar nix, ich werde getan!

Manche Leute stellen sich vor, dass sie im Bewusstsein „Kein Täter nur Taten" das Gefühl hätten, sozusagen wie eine Marionette an Fäden zu hängen und in ihren Bewegungen „ferngelenkt" zu werden. Haben sie dieses Gefühl nicht, fühlen sie sich wie abgeschnitten.

Das ist neurotisch, mitnichten ein Zeichen dafür „Kein Täter, nur Taten" verstanden zu haben. Wenn du verstanden hast, bist du absolut frei zu tun, was du glaubst tun zu wollen oder zu müssen, bist dir jedoch gleichzeitig dessen bewusst, an den besagten „Fäden zu hängen", weil du weißt, dass du ohne den „Marionettenspieler" nicht eine einzige Bewegung machen könntest. So wird ein Schuh draus.

Es ist doch eindeutig: Wenn der freie Wille tatsächlich Illusion ist, was er zweifelsfrei ist, dann kann das, was du denken, entscheiden und tun KANNST, nur das sein, was determiniert ist.

Die Folge dieses Verständnisses ist, dass du frei bist zu tun, was immer du tun willst (und kannst), denn du willst (und kannst) es ja nicht, du kannst es gar nicht wollen, weil du (als individueller Handelnder) nicht existierst!

Sollte ein auf diese Weise dekonditioniertes Gehirn in seiner Schaffenskraft blockiert sein? Unmöglich!

Ich bin mitnichten gegen Veränderung! Wie könnte ich, da ich allenthalben Wandel wahrnehme. In meinem eigenen und im Leben anderer. Ich wende mich lediglich gegen die schädliche Irrlehre, die Realität in eigener Regie gestalten zu können oder gar zu müssen, will man keinen Schiffbruch erleiden. Denn diese Irrlehre führt erstens bewiesenermaßen nicht zu den verheißenen Ergebnissen. Sie führt zweitens genau deshalb in Selbstzweifel, Schuldgefühle und immer neuen Versuchen, die erneut scheitern müssen. Und sie kann drittens unmöglich in Harmonie und inneren Frieden führen, weil sie sich diametral zur Wirklichkeit verhält.

Vor dem Spiel ist nach dem Spiel

Schau rein in die Welt und sieh *nicht*, dass es sich um ein Spiel handelt und du verzweifelst, wenn du ein halbwegs gebildeter und sozialer Mensch bist.

Politiker überall auf der Welt – entweder machtgeile Idioten oder Feiglinge, Flaschen. Religionsführer jeder Religion – gehirnamputiert, auch wenn sie sich intellektuell und gebildet geben, sonst wären sie doch nicht in der Lage ihren unsinnigen Glaubenssätzen und Dogmen zu folgen.

Reiche, die nicht mehr wissen wohin mit ihrem vielen Geld, bringen sich sogar um, weil es nichts mehr gibt, was sie nicht ausprobiert haben, andererseits Arme, die nicht darüber nachdenken müssen, wie sie sich umbringen, weil sie zu wenig haben, um zu überleben.

Ich kann unmöglich alle sogenannten Missstände aufzählen, will es auch nicht, denn auf der anderen Seite gibt es mindestens ebenso viele gute, wahre und schöne Ereignisse auf diesem Globus.

Seit Menschengedenken bemühen sich engagierte Menschen darum, die Missstände zu lindern. Schau dich um was sie geschafft haben. Frag sie selbst und ihre Antwort wird sein: Was wir tun konnten war wie ein Tropfen auf dem heißen Stein.

Verdammt, warum ist das denn nur so? Wieso gibt es so viel Leid auf der Welt und gleichzeitig auch so viel Glück? Warum so viel Schmerz, wenn es doch offenbar auch die

Möglichkeit gibt, ihn zu vermeiden und sich für die Freude zu entscheiden?

Zwei Drittel der Zeit meines Lebens stellten sich mir diese Fragen. Ohne darauf eine einigermaßen befriedigende Antwort zu kriegen. Bis sich meine Augen für die Wirklichkeit zu öffnen begannen…

Die Wirklichkeit… meine Güte! Du kannst es im Grunde genommen gar niemandem sagen. Man wird nur den Kopf über dich schütteln: Meschugge, durchgedreht, närrisch geworden. Und die Religiösen, sie würden dich lynchen, existierte noch die heilige Inquisition.

Einen Flash ohne LSD oder andere psychedelische Drogen hatte ich einmal in einem Lebensmittelmarkt! Wirklich, du wirst es nicht glauben. Ich kam rein und urplötzlich war dieser Markt mit ca. 25.000 Produkten in den Regalen „meine Spielwelt". Ich fühlte mich so wie damals, als ich noch ein kleiner Junge war und mit meiner Eisenbahn spielte. Ich hatte eine mit Faller-Häuschen, Bäumen, Sträuchern, Wiesen, Feldern, einem Tunnel und zwei Dampflokomotiven. Einen Personen- und einen Güterzug. Wenn ich mit meiner Eisenbahn spielte empfand ich selbst den Besuch eines Freundes als Störung.

Plötzlich BLICKTE ich durch: Das alles hier war virtuell. War nicht echt. Selbst ich, also meine Person, war virtueller Natur. Atome, die sich in dieser speziellen Form anordneten. Da war nix Festes, nix Dauerhaftes und… auch nix von Belang. Eine Spielwelt und sie war in mir, ich nicht etwa in ihr. Das darfst du dir jetzt aber nicht räumlich vorstellen, als wäre ich sozusagen der Raum, in dem das alles stattfindet.

Wenn überhaupt, so ist der *raumlose Raum* nur eine Allegorie. Die Wirklichkeit ist unausdrückbar mit Worten, Bildern und Allegorien.

Spielwelt. Das ist der Grund dafür, dass es sowohl Freude als auch Schmerz gibt. Es muss beides geben, sonst könnte dieses Spiel nicht gespielt werden. Und weil es ein Spiel und nur ein Spiel ist, spielt es nicht die geringste Rolle ob Politiker korrupt oder aufrichtig sind!

Wenn du bei diesen Aussagen einen Widerstand spürst, weißt du (noch) nicht worüber ich rede. In meiner Wahrnehmung handelt es sich bei der Welt, wie sie ist, *tatsächlich* nur um ein Spiel.

Ich weiß nicht wer von euch sich die 4-teilige TV-Serie „Die Säulen der Erde" angesehen hat. Woher nimmt dieser verfilmte Roman nur seine Spannung? Es sind die diametral entgegengesetzten Pole, verkörpert in Menschen wie beispielsweise Philip, einem einfachen Mönch, der Prior wird und Waleran, der es zum Kardinal bringt. Philip ist ein aufrichtiger Mann, der für Gerechtigkeit steht, Waleran ein skrupelloser, machtgeiler Bandit, ein grausamer Schlächter, ein Wolf im Schafspelz. Würde es nur die Guten geben, würden wir uns den Film gar nicht ansehen. Natürlich wollen wir, dass das Gute am Ende über das Böse triumphiert, aber dazu muss das Böse zunächst den Anschein erwecken, als würde es im Kampf der beiden Pole den Sieg davon tragen können.

Das Leben ist nicht mehr als solch ein Spiel. Je länger du darüber nachdenkst, desto logischer wird diese Behauptung.

Im Spiel geht es scheinbar um alles. Guck dir ein Fußballspiel an, besonders wenn es um die Meisterschale geht. Die jungen Burschen mit den muskulösen Waden auf dem Feld geben alles. Und die Fans zittern auf den Rängen. Gäbe es keine (oder andere) Regeln, würden sie sich schlagen, vielleicht sogar töten, um in Ballbesitz zu gelangen.

Aber um was geht es wirklich? Was bedeutet der Sieg? Letztlich doch überhaupt nichts!

Vor dem Spiel ist nach dem Spiel.

Denn wenige Wochen später wird eine neue Runde eröffnet und erneut gilt es viele Gegner zu schlagen, um wiederum in den Besitz der Meisterschale zu gelangen.

Auch unser Leben ist scheinbar todernst. Denn du musst überleben. Du musst deinen Job behalten. Du musst gesund bleiben. Du musst dafür sorgen, dass deine Kinder einen super Schulabschluss machen, um sich in der Welt behaupten zu können. Du musst Kunden behalten und Neukunden akquirieren, um wettbewerbsfähig zu bleiben. Du musst dafür sorgen, dass dir dein Partner nicht weg läuft, wenn du denn einen hast. Und hast du keinen, musst du zusehen, dass du einen bekommst, bevor du Runzeln bekommst und dich keiner mehr anguckt! Die Aufzählung bleibt freilich unvollständig, sonst sitze ich hier noch ein paar Stunden, da ich jedoch noch zum Recyclinghof MUSS, bevor ein Besucher aus der Schweiz zum Coaching eintrifft, MUSS ich sie hier beenden. ☺

Du hörst nicht etwa auf zu müssen, wenn dir das Leben als Spiel offenbart wird. Aber selbst das MUSS gehört nun – zum Spiel.

Das ist die Metaebene, auf der du dich nun befindest. Die Welt bleibt ein Jammertal, wie es Woody Allen zu sagen pflegt. Aber ohne den Jammer gäbs auch keinen Jubel. Du kannst das eine nur mit dem anderen haben. Sonst würde überhaupt nix existieren. Und selbst der Begriff Nullpunktfeld oder Leerheit wäre nicht nur vollkommen sinnlos, sondern würde nicht einmal gedacht werden können.

Was bleibt ist die Liebe

Es kann gefahrlos vorhergesagt werden, dass du, während du dich und andere immer mehr lieben wirst, in diesem Leben anfangen wirst, jeden Menschen und jedes Ding als eine vollendete Form wahrzunehmen, genauso wie sie jetzt sind.

Tad Golas

Ja und ja und ja und ja!

So tönt es in mir.

Wie tönt es in dir?

Und wie soll ich diesen Ton in dir anstimmen?

Ich kann es mit Sicherheit nicht.

Aber die Saite ist schon in dir und sobald sie berührt wird, ertönt Liebe.

Liebe ist was? So oft werde ich das gefragt. Heut sag ich: Liebe ist ein Ton. Keiner klingt schöner. Keiner berührt das Herz mehr.

Wie soll ich das beweisen? Wie könnte ich es beweisen? Ist die Welt nicht voller Nicht-Liebe? Ach weißt du, im Kontext dieses Tons fällt es mir sogar schwer Synonyme für Nicht-Liebe zu finden.

Hör genau hin! Hörst du sie nicht? Unten drunter, unter all den anderen Tönen, auch den unharmonischen. Du musst manchmal verdammt hellhörig sein, keine Frage, aber da ist er, der Liebeston. Liebe ist sozusagen der Grundton.

Ist es nicht viel leichter zu lieben als zu hassen?

Liebe ist kein Mount Everest, den es zu erklimmen gilt. Liebe ist – mit anderen Worten – kein Ziel, das man irgendwann erreicht. Klar sagt Tad: *während du dich und andere immer mehr lieben wirst,* aber das ist nicht wie mit den Muskeln, die du in der Muckibude zur Höchstform trainierst. Da musst du arbeiten, dich anstrengen, Schweiß muss fließen, sonst wird das nix mit den Muskelpaketen.

In Liebe fällt man. Und fällt immer tiefer. Nicht höher steigen, sondern tiefer fallen. Erst liebst du nur was dir schön, was dir gut, was dir als Vorteil erscheint. Dann fällst du tiefer und kannst auch das lieben, was dir hässlich erscheint. Und ist das dann im wahrsten Sinne des Wortes „der Fall", wird selbst das Hässliche schön, wird der Nachteil zum Vorteil, wird selbst der Schmerz zum Anlass zur Freude.

In meinem ersten Buch „Leide nicht – liebe", sprach ich von der Agape-Übung. Das ist längst vorbei, denn ich erkannte, dass Liebe nix mit Übung zu tun hat und zu tun haben kann. Liebe ist deine wahre Natur und arbeiten, schuften und schwitzen musst du, um dich von ihr zu entfernen.

Das und das muss ich schaffen, erfahren, erleben, sonst hab ich umsonst gelebt! So entfernt man sich von der Liebe, deiner wahren Natur. Und natürlich erscheint dann das Leben als schwer. Und es wird von Jahr zu Jahr schwerer und du verstehst überhaupt nicht, wenn dir jemand sagt: *Du bist Liebe, es gibt überhaupt nichts zu schaffen.* Das, was du meinst schaffen, erfahren, erleben zu müssen ist im Ergebnis nur eins: Liebe, was sonst?

Wir streben nach einem Titel, nach Anerkennung, nach dem vollkommenen Partner, nach Gut und nach Geld, nach Weisheit und Erkenntnis, um das zu erhalten, was wir im Grunde schon sind. Denn mehr als deine wahre Natur wirst du niemals bekommen, egal womit du sie mehr als jetzt und hier zu empfinden glaubst.

Aber du fällst eben noch nicht, nein, du steigst noch auf! Hier liegt der Hase im Pfeffer. Nur hier. Da vorne, da will ich hin! Du kommst niemals an, denn das da vorne, bleibt immer da vorne. Da kommst du niemals an, da kannst du gar nicht ankommen, weil du schon bist, wo du meist ankommen zu müssen.

Wie könnte denn etwas, das ich zu erreichen versuche, jemals etwas anderes werden als etwas, das ich eben zu erreichen versuche? Es bleibt stets beim Versuch! Etwas das hier ist, kann und muss nicht erreicht werden. Liebe wird niemals erreicht. Niemals erworben. Niemals erarbeitet. Noch nicht mal gefunden, denn finden setzt suchen voraus. Wenn du nach Liebe suchst, bleibst du daher auf der Suche nach Liebe. Dieses Spiel kann unmöglich enden.

Jetzt, hier ist die Liebe, weil du da bist und weil du Liebe bist. Weil der Tisch Liebe ist, auf dem dein PC steht, der auch aus Liebe zusammengesetzt ist. Liebe ist jedes Atom.

Fall hinein in deine wahre Natur. Dann kannst du nur lieben. Strebe nach nichts. Nicht einmal nach einem Liebesgefühl. Beibringen kann dir das keiner. Es ist auch gar nicht notwendig, denn Fallen muss man nicht lernen.

Es gibt zweifellos eine Entwicklung hin zu dem, *jeden Menschen und jedes Ding als eine vollendete Form wahrzunehmen, genauso wie sie jetzt sind.* Doch das geschieht nicht durch Übung, durch Training. Nein, es geschieht wenn du fällst. In Liebe fällst.

Manchmal ist das Leben so gnädig dich stolpern zu lassen, weil du wieder dabei warst zu steigen. Du fällst hin und erinnerst dich daran, dass man in Liebe fällt und nicht steigt. Und so wird schließlich jeder Mensch und jedes Ding als vollendete Form wahrgenommen. Das geht nicht von heute auf morgen, aber es ist dennoch kein Ziel, dem du nachjagen müsstest.

Es ist nicht so, dass Liebe(n) etwas Automatisches wäre. Du wirst immer wieder erneut in sie fallen (müssen). Weil du immer wieder abgelenkt wirst. Das ist wie in der Partnerschaft. Es gibt Zeiten, in denen die Liebe zu schwinden scheint. Und wo du dich danach sehnst, so zu lieben wie einst, ganz zu Anfang. Du versuchst die erste Liebe erneut zu erleben. Du tust deiner Gabi oder deinem Peter was Gutes. Du bringst Blumen mit, 0machst sein/ihr Lieblingsgericht, bist besonders nett, freundlich, adrett. Wirkt alles nicht.

Die Liebe kommt und geht wie es ihr gefällt. Du bist völlig hilflos und machtlos. Und wenn du deine Machtlosigkeit plötzlich erkennst, beginnst du „in Liebe" zu fallen. Das ist

nun aber wirklich kein „neues" Erfolgskonzept, um zu lieben! Du kannst „in Liebe fallen" nicht machen. Doch
gleichzeitig kann ich dir nicht empfehlen auf sie zu warten.
Nein, hier und jetzt, falle erneut in die Liebe! Und wenn du
zum tausendsten Mal schon erlebtest, dass sie dich wieder
verließ.

Das ist ihr Spiel mit sich selbst.

Und am besten du spielst es mit!

Tausend mal berührt,

Tausend mal is nix passiert,

Tausend und eine Nacht,

und es hat ZOOM gemacht…

Wie ein Dieb in der Nacht

Hallo Werner, meine Frage lautet:

Wenn doch gar nichts passieren soll, wieso reden dann alle vom großen Moment? Der eine große Tag, der alles verändert und nachdem nichts mehr so sein wird wie es mal war.

Es gibt diesen Tag! Aber er kommt eher wie ein Dieb in der Nacht. Wie ein **Dieb**, weil er nichts bringt, sondern etwas wegnimmt. In der **Nacht**, weil du schläfst und nichts davon merkst, bis du − nicht mehr schlafend − feststellst, dass dir etwas fehlt.

Was dir fehlt war dir einst kostbar: „Ich" bin der Denker meiner Gedanken, „ich" bin meines Glückes Schmid, „ich" entscheide ob „ich" das will oder nicht, „ich" führe mein Leben so wie „ich" es führen will, so wie „ich" mir das vorstelle. Und dann fällt gerade das weg, was diese Behauptungen ermöglicht. Du findest es nicht mehr, das Ich, egal wie lange und intensiv du danach suchst.

Du suchst es in Schuldgefühlen: Verdammt, dafür hab ich mich doch zuvor immer schuldig gefühlt!

Du suchst es in Schuldzuweisungen: Gibt's doch gar nicht, ich kann dieses Arschloch für sein Benehmen nicht mehr schuldig sprechen!

Du suchst es im Stolz auf eine besondere Leistung: Mein Gott, hätte ich früher so eine Anerkennung erhalten, ich wäre mit der Krawatte ins Bett gegangen!

Du suchst es im Neid: Er hätte mich früher zerfressen, wenn andere bekommen hätten, was dem hier gerade gewährt wird!

Du suchst es in hypothetischer Angst: Ich hätte nicht einschlafen können, wenn die Möglichkeit eines so großen Verlustes bestanden hätte!

Die Ich-Vorstellung manifestiert sich insbesondere in den hier erwähnten Ereignissen. Aber sie ereignen sich nicht mehr. Kurz nach dem Ich-Illusions-Verlust aufgrund von Gewöhnung vielleicht noch im Ansatz. Das System braucht eine Weile, bis es sich auf die Abwesenheit der Ich-Illusion eingestellt hat. Anschließend nicht mehr.

Erleuchtungserlebnisse jedoch vermitteln den Eindruck etwas erhalten zu haben, was man vorher nicht hatte. Meistens haben sie den Anschein von etwas Gewaltigem, vorher nie Erlebtem. Man scheint sich im Licht aufzulösen, die Emotionen glühen in göttlicher Liebe und Glückseligkeit. Ich sage nicht, dass solche Ereignisse falsch sind. Nein, wenn sie kommen, sollen sie sein und ich habe vor dem Ich-Illusions-Verlust viele solcher „Erleuchtungen" erfahren. Das Dumme (oder Gute) ist nur: sie verschwinden ebenso wie sie auftauchen!

Warum sage ich „gut" zum Verschwinden: weil dein System die Intensität solcher Gipfelerlebnisse auf Dauer gar nicht aushalten würde, das Nervensystem würde verglühen.

Gipfelerlebnisse können dir einen Einblick vermitteln, dass du weitaus mehr bist als der vergängliche Körper. Sie mögen dich erinnern an deine wahre Natur. Aber die Erinnerung wird dich immer wieder verlassen, SOLANGE das illusionäre Ich nicht als Illusion exponiert wird und darüber seine Wirkung verliert.

Irren ist menschlich

Hallo Werner,

ich habe eine Frage, die mich einige Zeit schon sehr bewegt. Vielleicht hast du eine Antwort auf sie.

Ich weiß, dass wir alle die Quelle, dass wir Bewusstsein sind. Und für mich ist in diesem Bewusstsein alles in einer Ordnung. Vielleicht eine Ordnung, die wir hier in unserem Menschsein nicht ganz so sehen können, oder ganz begreifen. Also im reinen Bewusstsein dürfte ja alles in Frieden sein und ausgeglichen. Wenn ich nun in meinem menschlichen Körper eine Krankheit habe und mich an dieses Bewusstsein, das ich ja in Wirklichkeit bin, erinnere, dann dürfte doch mein Körper eigentlich keine Krankheit mehr ausdrücken. Es wäre doch dann nicht nötig. Es besteht einfach keine Notwendigkeit dazu. Ist das denn nicht genau das was die Menschen vielleicht unter der 2-Punkt-Methode oder so verstehen? Das mit den Quanten meine ich.

Der Frieden und die Gelassenheit ist immer mehr ein Bestandteil von mir – einfach weil ich immer mehr im Jetzt bewusst bin. Doch mein Körper zeigt oftmals Erschöpfung und Krankheit. Normalerweise könnte doch alles dann im Gleichgewicht sein oder bin ich da irgendwie auf dem Holzweg?

Rund heraus gesagt: Ja, du bist auf dem Holzweg. In Gott oder Bewusstsein ist weder Harmonie noch Konflikt. In Gott oder Bewusstsein ist nur eins: Kein Gegensatz. Keine Zwei.

Wenn Bewusstsein Frieden oder Harmonie wäre, müsste es auch das Gegenteil beinhalten. Denn der Begriff Harmonie macht ja nur Sinn, wenn ich weiß und erfahren kann, was Disharmonie ist.

Selbst der Begriff „Leere" ist, um zu bezeichnen, was Bewusstsein ist, letztlich falsch. Denn Leere weist hin auf Fülle. Auch wenn wir sagen, dass Gott Liebe ist, ist sie unbedingt, denn bedingte Liebe benötigt ihr Gegenteil, um erscheinen zu können. Ja, und selbst der Begriff non-dual ist eine verbale Krücke, weil er auf Dualität verweist.

Wir können über Bewusstsein im Grunde genommen nichts sagen, denn was immer wir darüber sagen, ist im besten Fall ein Verweis auf die Wahrheit, niemals die Wahrheit selbst.

Erfährt sich Bewusstsein jedoch, bedingt dies Polarität, Dualität, Kontraste, Gegensätze. Stell dir einen weißen Rolls Royce vor einen weißen Hintergrund vor und zwar so, dass der Lichteinfall nicht einmal die geringste Kontur des Autos sichtbar macht und du vermagst diese riesige Luxus-Karosse nicht zu sehen.

Welch eine närrische Lehre, die uns glauben machen will, dass Bewusstsein, das sich erfährt und in dem sich die Erinnerung ereignet, nichts anderes als Bewusstsein zu sein, diese Polarität nicht mehr erleben könnte!

Es hat sogar Weise gegeben, die weitaus anfälliger und zerbrechlicher waren als völlig unbewusste Muskelpakete, die sich am Strand von Malibu vergnügen und sich für nichts anderes interessieren als fürs Vergnügen! Der Glaube, dass sich in deinem Körper überhaupt keine Defizite mehr zeigen dürften, weil sich die Erinnerung ereignet, Bewusstsein zu sein, ist pures Gift, weitaus nachteiliger als jene Schwäche, die du empfindest. Im Gegenteil: Dieser Glaube intensiviert sie, weil du dich schuldig fühlst oder zumindest die Ursache bei dir selbst suchst.

Wenn der Körper ein Organ im- oder ein Glied am Körper seiner Funktion beraubt, temporär oder bis zum Tod, ist das niemals nur ein Nachteil, sondern immer auch ein Vorteil. Weil in jedem Vorteil ein Nachteil und in jedem Nachteil ein Vorteil steckt. Das ist das Wesen der Dualität.

Meine Empfehlung: Schau rum und finde intuitiv raus, was du zur Wiederherstellung der Funktionalität deines Körpers tun kannst. Ich bin gegen **keine** Methode, weder gegen jene der Schulmedizin noch gegen jegliche alternative Heilkunst. Gut ist eine Heilmethode immer dann, wenn sie dich wiederherstellen kann. Wenn sie aber bedingt, dich schuldig zu fühlen, widerstehe ihr, verweigere dich ihr, egal wie logisch sie klingt.

Aus Nix wird Nix

Wie oft hab ich mir als junger Mann verzweifelt die Frage gestellt: wieso nur, wieso bin ich hier und weiß nicht warum? Hier ist die ultimative Antwort: Weil Nichtsein nur auf diese Weise sein Nichtsein ERFÄHRT. Ob es das nun weiß oder nicht spielt eine völlig untergeordnete Rolle.

Möchtest du mich nicht am liebsten korrigieren? *Werner, du hast dich verschrieben (oder verstiegen)!* Sollte es nicht vielmehr heißen: Auf diese Weise SEIN erfährt!

Du magst es für spitzfindig halten, aber Sein gibt's im Grunde genommen gar nicht. *Aus Nix wird Nix*, den Spruch kennst du doch! Er klingt banal, ist aber, richtig verstanden, ebenso weise wie *Leere ist Form und Form Leere*. Was auch an Formen erkannt werden kann, sie sind leer, vollkommen leer. Leerer noch als es ein Luftballon, weil der zumindest mit Luft angefüllt ist.

Dösen ist im Grunde keine Aktivität. Du liegst auf dem Bauch oder Rücken, die Augen sind halb geschlossen, du machst nix und wenn ein Gedanke erscheint, isser nicht von einem Insekt zu unterscheiden, das dich zwar umkreist, sich aber nicht auf deinem Leib niederlässt, so dass du aktiv werden müsstest, um den Plagegeist mit möglichst einem einzigen Schlag zu vernichten. Außer du gehörst zu jenen hochsensiblen Naturen, die nicht mal eine Mücke erschlagen können. By the Way… ich hörte kürzlich einen Vegetarier-Witz. Einer wurde nach seinem Outing gefragt: Lieben sie eigentlich Tiere oder hassen sie Pflanzen? ☺

Dösen ist im Grunde genommen: *Nix, das sich erfährt*. Und genau diese Paradoxie ist es doch, die eine Genialität offenbar macht, die zumindest mir die Feder aus dem Hut springen lässt! So nah dran wie beim Dösen an dem was nicht ist bist du sonst kaum, außer im Tiefschlaf, der einzige Nachteil dabei ist nur, dass du dann eben (das) **Nichts nicht erfährst.**

Deshalb ist Meditation so beliebt bei den spirituell Suchenden. Denn dabei wird sowohl körperliche als auch mentale Aktivität, wenn auch nicht ausgeschaltet, so doch in erheblichem Ausmaß reduziert.

Ich meine, es sei jedem zu wünschen, dass er sich ab und zu, wie eine Schnecke in ihr Haus, in sich selbst zurückziehen kann. Ich kann das zu nahezu jedem Zeitpunkt, vielleicht weil ich es jahrelang allmorgendlich übte. Es ist für mich jedoch keine Übung mehr, eher ein Bedürfnis, wie das zu Bett gehen. Ich würde es auch nicht als typische Meditation bezeichnen.

Unserem Verstand wurde beigebracht Widersprüchliches mit einem Veto zu belegen. Quantenphysiker haben diese Hürde längst genommen. Spirituell Suchende müssen lernen, die Paradoxie nicht als Gegensatz sondern als Höhere Logik zu begreifen. Ist der Sprung über diese Hürde vollzogen, joggst du noch immer und stellst anschließend nach wie vor fest, dass du in einer halben Stunde 3 KM zurückgelegt hast, bist dir aber gleichzeitig dessen bewusst, dass es niemanden gab, der kilometerweit lief, auch keine Strecke, die dabei zurückgelegt wurde, keine Uhr und erst recht keine Zeit.

Verliebt in die Wahrheit

Lieber Werner, wenn der Gedanke erscheint "Wem erscheint dieser Gedanke", dann ist die Antwort: Mmmhhh. Wenn diese Antwort da ist, ist das dann Nichtsein das Nichtsein erfährt? Und weiß ich das nicht immer? Außer das ich mir dessen nicht immer bewusst bin. Ich weiß ja immer alles, nur manchmal bin ich mir dessen bewusst und manchmal eben nicht. Dieses Wissen bin ich doch immer, oder? Nur ohne sich dessen bewusst zu sein, ist Leid. Kannst du dazu ja sagen?

Wir beide bewegen uns hier auf völlig verschiedenem Terrain. Du versuchst das, was ich schrieb, in deiner persönlichen Erfahrung unterzubringen und scannst Situationen, die womöglich damit übereinstimmen.

ERs geht hier nicht nur eine bestimmte Erfahrung im Menschsein, nein, das Menschseins selbst ist Nichtsein-das-sein-Nichtsein-**erfährt**.

Nichtsein ohne Erfahrung ist das, was wir tot nennen. Da gibt's keinen Impuls, keine Sehnsucht, kein Erkennen, auch keine Wahrnehmung, nicht einmal die des Friedens. Daher kann man auch nur drüber reden, das Charakteristikum des Nichtseins ist, dass nichts läuft.

Wie aber sollte, wenn Nichtsein die Quelle all dessen ist, was wir erfahren, Sein etwas anderes sein als *Nichtsein-das-sich-erfährt?* Sein ist doch nur im Kontext mit Nichtsein denkbar und erfahrbar. Sein impliziert geradezu Nichtsein. So wie Helligkeit Dunkelheit sozusagen im Gepäck hat.

Du musst aufhören zu denken, um das zu verstehen. Dieses Verstehen geschieht tatsächlich ohne Gedanken. Deshalb ist es auch so verdammt schwer, es in verständliche Worte zu fassen. Etwas Unfassbares zu fassen ist an sich ein Ding der Unmöglichkeit. Ebenso **unmöglich** ist Nichtsein-das-sich-erfährt. Um sich zu erfahren trennt sich Nichtsein scheinbar vom „Nicht" und ist ausschließlich „Sein". Es entflieht sich selbst – sozusagen. Es nimmt Reißaus vor sich selbst. Genau das aber ist völlig unmöglich. Und daher ist das, was wir tagtäglich erleben –ein Dinge der Unmöglichkeit!

Sag selbst – findest du das Leben nicht letzthin unmöglich?

Der Grund liegt darin, dass etwas geschieht, das AN SICH schon unmöglich ist. Wie sollte diese Unmöglichkeit nun nicht in allem, was an sich unmöglich ist, zum Ausdruck kommen? (Wenn du irgendwas das nächste Mal „Unmöglich" nennst, denk dran.)

Lerne die Wahrheit zu betrachten, zu schätzen, zu schmecken, zu kosten, zu lieben. Vergiss dich und „deine" Erfahrung komplett! Verliebe dich in die Wahrheit, dann wirst du zur Wahrheit!

Der Wert von Einschränkungen

Keiner liebt sie. Sie sind auch nicht da, um geliebt zu werden. Sie dienen aber dem Leben. Und das Leben kümmert sich vor allem um sich selbst, nicht um dich und deine Bewertung.

Es ist aber möglich, dass du genau diese Einsicht erhältst. Einsicht in die Unvermeidlichkeit der Einschränkung. Das ist aber ein Luxus, nicht zwingend notwendig.

Für die Einschränkung(en) dankbar sein zu können, ist Ausdruck von Weisheit. Aber die Weisheit kommt auf leisen Sohlen daher und wenn es zu laut um dich her ist, wirst du sie nicht hören können.

Laut ist es immer dann, wenn du nicht bei dir bist. Wenn du an den Maßstäben orientiert bist, an denen sich die Masse aller Menschen orientiert.

Wir sehen Samuel[6] und sofort entsteht der Gedanke: Wie furchtbar! Und das ist normal! Einschränkung wird zunächst immer als unerfreulich betrachtet. Sonst wäre es ja keine. Einschränkung muss (zunächst) unerfreulich sein, um seine Wirkung zu tun.

Gewinnst du jedoch Einsicht in die absolute Notwendigkeit derselben, wirst du sie ertragen, dann akzeptieren und vielleicht sogar lieben können.

---

[6] Der junge Mann, der bei „Wetten dass…" verunglückte und nun querschnittsgelähmt ans Bett gefesselt ist.

Ich gebe dir ein „winziges" Beispiel, nicht weil ich keine anderen zur Verfügung hätte, sondern weil es genügt, um zu verdeutlichen was ich meine.

Seit meinem 27ten Lebensjahr neige ich dazu mehr Gewicht auf die Waage zu bringen als es meinem Wohlgefühl dient. Die Hosen spannen an der Hüfte, ich spüre das Gewicht beim Treppensteigen und joggen, es gab sogar Zeiten, als mich der Bauch beim Anziehen der Socken oder Fußnägel schneiden behinderte.

Wir alle kennen Menschen, die essen können was immer sie wollen, sie nehmen einfach nicht zu. Als ich noch uneinsichtig war, beneidete ich sie und wäre auch gern so bedenkenlos ans Essen und Trinken ran gegangen! Ging aber nie, denn ebenso wie ich es hasse nicht all das essen zu können, was mir gerade schmeckt, hasse ich die Einschränkung, die sich durch Übergewicht zeigt. Also ein Dilemma!

Heute weiß ich, wie gut, ja wie optimal diese Einschränkung für meinen Körper ist, weil sie vieles Gute bewirkt(e). Denn mit etwa 45 Jahren begann ich regelmäßig zu joggen. Der eigentliche Grund war Gewichtsreduzierung, denn für Sport hatte ich mich lebenslang nie interessiert. Heute kann ich mir ein Leben ohne die Wohltat des Joggens durch den Wald und die Weinberge hier gleich hinter dem Haus und zwar auch bei Wind und Wetter überhaupt nicht mehr vorstellen, so sehr liebe ich es! Das Spannen des Gürtels, das Schwitzen und Keuchen beim Treppensteigen (oder Fußnägel schneiden), auch diese Einschränkungen bewahrten mich davor, mich dem lustvollen Alles-was-mir-schmeckt-Essen uneingeschränkt hinzugeben, und womöglich trug das auch dazu bei, dass ich mit 62 noch verhältnismäßig vital bin, nie im Krankenhaus war, nie operiert werden musste. Der Körper sorgte und sorgt durch Einschränkung für seine Vitalität.

Was für den Körper gilt, trifft natürlich auch für den Geist zu. Handwerklich bin ich eine Niete. Und außer Literatur interessiert mich keine Kunst, zumindest nicht in dem Maß, um sie auszuüben. Doch auch diese *Einschränkung* sorgte dafür, dass sich das vorhandene Potential auf diesem speziellen Gebiet entfalten konnte. Denn ich war durch nichts sonst abgelenkt.

Mir fallen noch viele andere Beispiele ein, denn der Einschränkungen waren viele in meiner Erfahrung, alle jedoch dienten einem Zweck, der unter ökonomischen Gesichtspunkten optimal war.

Vielleicht prüfst du deine bereits erlebten Einschränkungen einmal aus diesem Blickwinkel. Schreib sie auf, damit du sie nicht wieder vergisst, denn sie machen dich dankbar und ohne Dankbarkeit ist Leben nicht lebenswert, wie jedermann aus Erfahrung weiß.

Ist die Einschränkung da, scheint sie immer misslich zu sein. Wer könnte es lieben, wenn er beschnitten wird? Die Weinbauern hier in der Gegend beginnen schon im März das Beschneidungswerk der Weinstöcke in ihren Weinbergen. Daran führt aber kein Weg vorbei, um im Herbst eine möglichst reiche Ernte zu erhalten.

Auch in deiner Erfahrung führt kein Weg an der Einschränkung respektive Beschneidung daran vorbei, denn du bist nicht mehr als (ein Stück) Natur. Nur das du, anders als ein Weinstock, in der Lage bist, Einsicht in ihren Wert zu gewinnen.

Über Bewusstseinszustände

Lieber Werner, ich habe dein Buch "spielen statt kämpfen" so richtiggehend aufgefressen... Wie du siehst bin ich noch vollends im "Suche-nach-sich-selbst-Spiel" verheddert. Du schreibst, dass über Bewusstsein überhaupt nichts gesagt werden kann, das nicht missverständlich ist, wenn es auf Ebene B formuliert und kommuniziert wird. Weiter sagst du, dass auf Ebene A vollkommene Harmonie, bedingungslose Liebe und beständiger Frieden herrscht. Also, zu meiner Frage: kann ich das Bewusstsein, von welchem du sprichst mit Synonymen wie "Absolutes Bewusstsein oder Turya, der vierte Zustand oder Samadhi oder Erleuchtung oder das Leben selbst oder Befreiung" gleichsetzten? Und welche Rollen spielen "der Zeuge" und "der Beobachter" hier?

Da haben wir doch den besten Beweis dafür, *dass über Bewusstsein überhaupt nichts gesagt werden kann, das nicht missverständlich ist, wenn es auf Ebene B formuliert und kommuniziert wird.* Auf Ebene A herrscht vollkommene Harmonie, bedingungslose Liebe, beständiger Frieden, sag ich und du interpretierst da rein „*Absolutes Bewusstsein oder Turya, der vierte Zustand oder Samadhi oder Erleuchtung oder das Leben selbst oder Befreiung.* Dabei ist Ebene A das, was du zwar (potentiell) bist, jedoch nicht erfährst. Sobald du überhaupt irgendetwas erfährst, befindest du bereits auf Ebene B. Was ich Ebene A nenne – und ich erkläre in meinem Buch „Spielen statt Kämpfen" ganz zu Beginn, dass es in Wahrheit keine Ebenen gibt, dass diese Formulierung nur ein Hilfsmittel darstellt – ist der Zustand der Leere, des Nicht-Seins, von dem wir zwar reden, den wir aber nicht *erfahren* können. Alle Bewusstseinszustände aber werden erfahren.

Ich verwende in meinen Texten und Talks bewusst nicht die Begriffe Samadhi, Turya, etc. Denn ich bin Germane, kein Inder. Und ich drücke die Wahrheit daher möglichst germanisch aus. Ramesh Balsekar war aus meiner Sicht der einzige Inder, der die Wahrheit so westlich zum Ausdruck brachte, dass ihn auch ein durch und durch deutsch strukturiertes Gehirn wie das meine problemlos verstehen konnte. Selbst einige deutsche oder englischsprachige Lehrer, die in Indien *erwachten*, sind mir in ihrem Ausdruck zu indisch.

Ich lehre weder Meditation noch Kontemplation. Ich kenne zwar Bewusstseinszustände, in denen die Welt, die Materie, die Körperlichkeit vollständig verschwinden, strebe sie aber nicht an und glaube vor allem nicht, dass sie angestrebt werden müssen. Denn: Was wir Welt, was wir Materie, was wir Menschsein nennen, ist nichts anderes als ein **Bewusstseinszustand!**

Ist dir das bewusst? ❧ Es gibt keine Materie in der Form, wie wir sie gewöhnlicherweise wahrnehmen und definieren. **Es gibt nur Bewusstsein** und in diesem Bewusstsein, das du bist, gibt es einen Zustand, in dem Welt, Körper, Formen und Menschsein erscheinen.

Ist das nicht gewaltig? Ist das nicht phänomenal? Und zwar im wahrsten Sinne des Wortes! Anstatt diesen Bewusstseinszustand zu würdigen, zu bestaunen, zu genießen, zu erforschen, wenden wir uns von ihm ab und versenken uns in das, was wir ohnehin sind: Leere, Nicht-Form, Unbedingtheit, Nicht-Körperlichkeit, Gott, Quelle. Nicht das ich dagegen wäre. Es ist keine Sünde! ☺ Aber mehr als ein Hobby kann es nicht sein, weil ich es ohnehin bin.

Ist mir das nicht mehr bewusst, macht es Sinn, um mich an mich selbst zu erinnern: **Herrjemine, ich bin ja nicht was erscheint, sondern worin es erscheint!** Ist das aber realisiert, macht es keinen Sinn mehr, weil ich sonst den Bewusstseinszustand verpasse, in dem Welt und Menschsein erscheinen!

Ist dieser Bewusstseinszustand vorüber, bin ich zwar (potentiell) nichts als unbedingte Liebe, vollkommene Harmonie, beständiger Friede, kann aber keinen Kaffee mehr trinken, kein gut abgehangenes Rindersteak mehr essen, mich nicht mehr an den fleischgewordenen Zille-Figuren erfreuen, die stumpfsinnig an einer Bar sitzen, Bier trinken und Unsinn reden.

Es gibt keinen Sonnenaufgang mehr für mich, kein Abendrot, keine Amseln, deren Gesang mich heutzutage tiefer berührt als ein Klavierkonzert oder ein Popsong, ich kann nicht mehr hinter dem Haus durch den Wald joggen, es gibt ihn nicht mehr, den plätschernden Bach, den Weinberg, das Schloss auf dem Berg, das ich von meiner Terrasse aus sehen kann, es gibt keine Sonne, keinen Regen, keinen Morgentau, keine Winterlandschaft, auch das Meer ist nicht mehr. Es gibt keine Filme, keine Bücher, keine Geschichten.

Ich kann nicht mehr duschen, keinen Aufguss in der Sauna genießen, und auch nicht mehr ficken[7].

Alles perdü, denn all das und vielmehr erlebe, erfahre ich EINZIG in dem Bewusstseinszustand, aus dem die Spirituellen ausbrechen, um Turya, Samadhi, Satori, den vierten Zustand zu erfahren, wobei ich natürlich versäumte, all die genannten Begriffe zu differenzieren.

Noch einmal: Es ist keine Sünde ☺ und um mich an mich als den Ursprung des Bewusstseinszustands zu erinnern, in dem ich mich augenblicklich befinde, sind solche Bewusstseinszustände nützlich – es wäre jedoch fatal, wenn ich um ihrer willen den Bewusstseinszustand **verpassen** oder gar **verachten** würde, in dem phänomenale Körper und Welten erscheinen.

---

[7] Wer diese Wort zu vulgär findet, kann natürlich ebenso Begriffe wie vögeln, bumsen, schnackseln, aufbocken, bämmsen, befruchten, beglücken, bügeln, bürsten, drübersteigen, durchnehmen, pimpern, poppen, es treiben, mausen, kacheln, knallen, nageln, oder wenn's denn unbedingt sein muss, auch Geschlechtsverkehr haben, verwenden.

Der Essenzblick

Ich sah den Elefanten, als er das in Gefangenschaft gebo-
rene Elefantenbaby totgetrampelt hat. Die Zeit verrinnt,
Herz und sinne werden mir schwer, ich möchte schon verge-
ben und verstehen. Doch alle Erfahrung und Vernunft lehren
uns nur dies eine, dass unser Leben ein Gutes hat, für das es
sich zu leben lohnt und das ist die Freiheit. Ich beginne den
Elefanten zu verstehen.

Sandor Marai, Himmel und Erde

Ich kümmere mich wenig bis gar nicht um den Autor, der
etwas sagt oder schreibt. Ob der Mann womöglich eine Frau
ist, ob er unter einem Pseudonym schreibt, ob er den geplan-
ten Freitod wählte wie S.M., obgleich so eine mutige Tat den
Autor nicht nur sympathischer sondern auch interessanter
macht. In meinen Augen zumindest. Ob er der Bande der
sogenannten Erleuchteten zugehört ist mir allerdings Jacke
wie Hose.

Ich sehe Figuren, die gespielt werden! Jede Figur hat den
gleichen Regisseur. Daher kann durch jede sowohl Weisheit
als auch Torheit fließen. Osho ist ein besonders passendes
Beispiel hierfür, weil Weisheit und Torheit sich bei ihm
beinahe die Klinke in die Hand geben. Es gibt Aussagen von
ihm, die mich niederfallen lassen, es gibt andere, über die
ich nur den Kopf schütteln oder grinsen kann. Vielleicht
geht es dir bei mir ebenso. Es würde mich zumindest nicht
sonderlich wundern.

Freiheit! Was hat die Untat des Elefanten mit Freiheit zu tun? *Ich hab mich abgefunden mit meinem Schicksal*, scheint er seinem Baby zu sagen, *du aber sollst es gar nicht erst lernen müssen, ich lieb dich viel zu sehr, um dir dieses Leben in Knechtschaft zumuten zu können.* Also zertrampelt die Mutter, was sie gerade gebar.

Es ist immer nur Liebe, wenn du genau hinschauen-, wenn du durchblicken kannst. Daher bin ich nicht mehr allzu verwundert, wenn ich die Zeitung lese. Nahezu unglaubliche Horror-Geschichten passieren auf diesem Globus. Aber sie geschehen alle aus Liebe. Selbst wenn das einer Mutter mitnichten bewusst ist, wenn sie ihr Baby gleich nach der Geburt im Müll entsorgt.

Ich legitimiere so eine Tat nicht. Nein, mir stehen wie dir die Haare ebenso zu Berge! Und doch blick ich beinahe gleichzeitig durch. Und sehe Liebe. Ich kann dagegen nichts tun, es geschieht.

Das ist der Essenzblick. Der Durchblick. Und er kann nur geschehen, wenn die Essenz über alles geschätzt wird, wenn dir nichts auf Erden wichtiger ist. Freilich, ich weiß, das kann man nicht selber machen, ich schildere hier nur Tatsachen.

Herz und Sinne werden mir schwer. Das geschieht ebenso, wenn ich beobachten muss, wie Lebewesen einander Schmerz zufügen. Das hörte nicht etwa auf. Das Herz wird nicht skrupellos, kalt, mitleidslos. Nein, Herz und Sinne werden mir immer noch schwer.

Jedoch selbst vergeben und verstehen muss ich nicht mehr. Der Elefant hat sein Baby nicht totgetrampelt. Der Elefant ist nur eine Figur, die gespielt wird in diesem Theater, das von Liebe und Liebe allein motiviert ist. Freiheit ist nur ein anderer Begriff, denn Liebe führt in die Freiheit.

Ach ja? Mag jemand angewidert und voller Zorn sagen! *Und was ist mit den Dreckschweinen, die unschuldige kleine Kinder missbrauchen und töten und sogar noch beim Töten und besonders dabei Lust empfinden? Wo ist hier die Freiheit, die durch Liebe motiviert wird?*

Bei so einer Frage verstumme ich (heute). Denn hierfür Erklärungen geben zu wollen, endet zumeist im Desaster. Weil Sprache in diesem Kontext zu einer Erklärung unfähig ist.

Ich würde den Fragenden lediglich ansehen. Womöglich mit Tränen in den Augen. Tränen des Mitgefühls. Aber die Liebe würde nicht weichen, selbst wenn der Fragende meine Stummheit und meine Tränen als Zugeständnis werten würde, auf diese Frage keine Antwort zu haben. Und er hätte Recht, denn es gibt keine „verständliche" Antwort auf diese spezielle Frage. Die Liebe jedoch braucht keine verbal verständliche Antwort.

Sie sieht in diese Welt der Polarität und ist sich ohne den Hauch eines Zweifels gewiss, dass sie alles und in allem ist, weil sie überfließt und sich dabei in diametral verlaufende Flussarme teilt, jedoch einer einzigen Quelle entspringen.

Sind denn Hell und Dunkel etwa nicht diametral? Ohne diese Kontraste wäre es jedoch noch nicht einmal möglich Manifestation „anzudenken".

Leben hat immer ein Gutes, lieber Sandor Marai, aber nur deshalb, weil es das Böse gibt. Sonst würden wir über das Gute nicht einmal nachdenken können.

Non-duales Bewusstsein ist sich der Notwendigkeit der Dualität bewusst. Es lehnt daher die Gegensätze mitnichten ab. In *dualistisches* Denken involviertes Bewusstsein dagegen will das Gute *ohne* das Böse, das Helle *ohne* das Dunkel, das Schöne *ohne* das Hässliche. Durchaus verständlich, aber unmöglich!

Erinnere dich an das Tao-Symbol. Im Hellen ein dunkles, im Dunklen ein helles Feld. Vermagst du das Dunkel in deiner Erfahrung als Notwendigkeit zu akzeptieren? Dann schrumpft es zu einem winzigen Punkt und die Helligkeit überwiegt. Vermagst du es nicht, willst du NUR Helles, kein Dunkles, beginnt es *in deiner Wahrnehmung* zu schrumpfen und das Dunkle scheint übermächtig zu werden.

Beachte jedoch: Äußerlich mag eine Gefängniszelle in Licht getaucht sein und in einer Villa auf Ibiza mag Sonnenfinsternis herrschen.

Wie kann ich die Welt nur so sehen?

Indem du zunächst einmal aufhörst diese Frage zu stellen. Sie verhindert nämlich das klare Sehen am meisten, denn sie betoniert dich auf der Linie der Zeit.

Mach es doch wie ein Liebhaber klassischer Musik. Ihm stellt sich keine andere Frage als womöglich die, wo er die Fernbedienung zum CD-Player hingelegt hat. Er fragt sich aber nicht, weshalb er nicht Mozart ist, sondern auf der Fidel derart schräg spielt, dass sich selbst seine Katze die Ohren zuhält. Er setzt sich vielmehr in den Ohrensessel und genießt die wundervolle Musik.

Hier spielt die Musik!

Genieße sie einfach!

Werner Ablass
im Omega-Verlag

Leide nicht – liebe
Über die Liebe zur Liebe ohne Objekt
194 Seiten, geb.
mit Schutzumschlag
ISBN: 978-3930243303
€ 10,80

Liebe ist die Lösung
240 Seiten, geb.
mit Schutzumschlag
ISBN: 978-3930243327
€ 11,80

Gar nichts tun
und alles erreichen
267 Seiten, geb.
mit Schutzumschlag
ISBN: 978-3930243365
€14,00

Entzaubert

siehst du nur Liebe

193 Seiten, geb.

mit Schutzumschlag

ISBN: 978-3930243457

€ 11,50

Abschied vom Ich

und wie leicht es sich ichlos lebt

267 Seiten, geb.

ISBN: 978-3930243495

€ 17,80

Werner Ablass
im NO ONE VERLAG

Spielen statt Kämpfen

150 Seiten, Paperback

ISBN: 978-3942634007

€ 14,90

Das Dilemma Gottes

148 Seiten, Paperback

ISBN 978-3942634014

€ 14,90

Werner Ablass Inspiration
Band I

204 Seiten, Paperback

ISBN 978-3942634021

€ 19,90

**Werner Ablass Inspiration
Band II**

236 Seiten, Paperback
ISBN 978-3942634038
€ 19,90

**Werner Ablass Inspiration
Band III**

228 Seiten, Paperback
ISBN 978-3942634052
€ 19,90

**Werner Ablass Inspiration
Band IV**

238 Seiten, Paperback
ISBN 978-3942634069
€ 19,90

Seiten mit Aussagen, die ich schnell wiederfinden will:

Seite

Nr.:   Verweis auf den Inhalt

Meine persönlichen **Merksätze:**